Gott ist Liebe! Je mehr ich mich von Gott lieben lasse, desto größer wird meine Liebe für ihn, je mehr ich meinen Wert durch Gott erkenne, desto größer ist meine Freude über ihn und über das Leben, das er mir geschenkt hat. Je besser ich Gott kennenlerne, je inniger meine Beziehung zu ihm wird, desto wichtiger ist es mir, dass Menschen erkennen, dass Gott gut ist und dass er es absolut wert ist angebetet und geliebt zu werden. Und weil ich mich so über Gott freue, möchte ich über dieses Thema gerne ein einfaches Manuskript erstellen, in dem ich einfach ein bisschen beschreibe dass Gott gut ist und gar nicht groß auf das Thema, warum lässt Gott Leid auf der Welt zu, eingehe. Über dieses Thema gibt es schon ein paar sehr gute, biblisch fundierte Bücher.

Vielleicht bekommt durch das Lesen, jemand Lust dazu, Gott besser kennenzulernen oder mehr Zeit mit ihm zu verbringen.

Theologie habe ich nicht studiert und einen Professorentitel habe ich auch nicht, deswegen rede, bzw. schreibe ich, wie mir der Schnabel gewachsen ist. Vor allem soll es leicht zu lesen sein. Als Christ lese ich in der Bibel und auch wenn sie von Menschen geschrieben wurde, glaube ich, dass die Menschen selbst von Gott inspiriert wurden all das aufzuschreiben, was heute in der Bibel so steht. Warum hat Gott das getan? Weil er möchte, dass wir ihn kennenlernen, es steht ja auch ganz schön viel über Gott drin, z.B. wie seine Persönlichkeit ist, für was sein Herz schlägt, was er haßt. Allerdings glaube ich, dass wir Menschen Gott in seiner ganzen Person, solange wir auf der Erde leben nie ganz erkennen werden, wenn man bedenkt, dass Gott in jede Person einen Teil seiner Persönlichkeit hineingelegt hat, wie facettenreich muss er doch sein. Gott möchte durch die Bibel zu uns sprechen, uns ermutigen, trösten, ermahnen und heilen. Ich bin überzeugt davon, wenn Menschen mehr in der Bibel lesen würden, glauben würden was da so steht und umsetzen würden, was sie lesen, dann könnten sich viele den Therapeuten und manche vielleicht sogar den Arzt ersparen (z. B. wegen psychosomatischen Krankheiten). Außerdem würden wir Menschen wesentlich weisere Entscheidungen treffen. Das gilt im Übrigen auch für mich! Gott kennenlernen oder besser kennenlernen ist ein lebenslänglicher Prozess, aber das macht nix, Gott hat alle Zeit der Welt. In den letzten paar Jahren ist meine Dankbarkeit und meine Freude Gott gegenüber ziemlich gewachsen, deswegen wünsche ich mir manchmal während der Anbetungszeit, ich würde über Gott neue Wörter erfinden können, z.B. eine Steigerung für super, herrlich, vollkommen, heilig aber da gibt's halt nix!! In der Bibel steht auch, was für Gedanken Gott über Menschen hat, welche Pläne er für uns hat oder was er sich für uns wünscht. Gleich am Anfang in der Bibel kann man lesen, dass Gott unser ganz persönlicher Schöpfer ist. Er sagte in 1.Mose 1,26: Wir wollen Menschen schaffen nach unserem Bild, die uns ähnlich sind. Gott spricht von, WIR wollen Menschen schaffen nach unserem Bild. Das bedeutet, dass Gott vor der Erschaffung der Menschen nicht alleine war. Die Engel waren da, der Heilige Geist und wie man in Joh. 1,1-5 nachlesen kann war Jesus wohl auch schon da, wie das ganz genau war weiß ich nicht, aber das ist, glaube ich, jetzt auch nicht so wichtig. So gehe ich davon aus, dass Gott sich nicht einsam gefühlt hat und dass es ihm nicht unbedingt langweilig war, als er daran dachte den Menschen zu erschaffen. Ich denke, dass er seine Liebe ganz einfach großzügig verschenken, weitergeben, in uns hineinlegen wollte, eben alles was ihn als Person ausmacht, auch seine unglaubliche Kreativität und seinen Schöpferreichtum wollte er mit uns teilen. Ich bin ein sehr visuell veranlagter Mensch und ich habe mich gefragt, wie es wohl war als Gott den ersten Menschen erschuf. Es könnte vielleicht so gewesen sein: Eines Tages saß König ELOHIM (ich nenne den König ELOHIM, das heißt auch Schöpfer) im Thronsaal auf seinem Thron und unterhielt sich mit Engel Martin, der stets an ELOHIMS Seite war. Engel Martin sagte: König ELOHIM, du hast die Erde wirklich wunderschön gemacht. Die ganze Natur, die Berge, das Meer, die verschiedensten Tiere, es ist alles so vielfältig geworden, dass ich nur noch staunen kann. Zufrieden nickte König ELOHIM: Ja es ist alles sehr gut geworden. Aber es fehlt noch jemand. Engel Gabriel schaute ELOHIM verwundert an. Ich möchte ein Geschöpf erschaffen, nach meinem Bild, mir ähnlich. Jemand in den ich mein Wesen hineinlegen kann, dem ich meine Intelligenz, meine Weisheit geben kann. Ja, jemand der meinen Charakter auf der Erde repräsentiert und den ich einfach glücklich machen kann. Es soll ein Mensch sein und der erste Mensch soll Adam heißen. Ich werde ihm einen Geist geben, so dass er mit mir jederzeit in Verbindung bleiben kann, mit mir reden kann, auf mich hören kann. Der Mensch wird eine Seele besitzen, die unsterblich ist, er bekommt einen eigenen Willen und Gefühle, damit er sich ausdrücken kann und einen schönen, gesunden Körper. Er soll jemand sein, der für immer gerne mit mir zusammen ist, mich genießen kann, sich mit mir freut und sein Leben mit mir teilt. Ich werde dem Menschen die Verantwortung über die Natur und die Tiere geben. Er darf sich an allem erfreuen was ich geschaffen habe. ELOHIM war begeistert über seinen Herzenswunsch. Also begab er sich eines Tages auf die Erde um aus Lehm den ersten Menschen zu gestalten. Er gab ihm einen kräftigen Körper, große Hände und Füße, außerdem schöne dunkle, gewellte Haare und braune Augen. Er war perfekt und wunderschön! ELOHIM gab Adam einen Verstand, Gefühle und eine Persönlichkeit. Er beugte sich über Adam und hauchte ihm seinen Lebensatem in die Nase. Mit diesem Atem machte ELOHIM ihn zu einem lebendigen Wesen, das in Ewigkeit lebt. Dann wartete er kurz, bis der Mensch langsam seine Augen aufschlug und in ELOHIMS Augen blickte. Er war etwas verwirrt, denn er wusste noch nicht wo er sich befand. Sei willkommen im Leben, mein Sohn, begrüßte ELOHIM Adam. Adam richtete sich ein wenig auf. Voller Liebe schaute ELOHIM ihn an. Wie fühlst du dich? fragte er Adam und Adam erwiderte: Oh, ich fühle mich sehr wohl, aber wo bin ich? ELOHIM erklärte ihm: Du bist der allererste Mensch auf dieser Erde, ich habe dich aus Lehm geformt und habe dich angehaucht damit du lebendig wirst. Du sollst Adam heißen! Ich bin dein Schöpfer Adam und du meine Schöpfung! Adam stand langsam auf und betrachtete sich noch etwas ungläubig von unten bis nach oben. Er schaute ELOHIM in die Augen und dadurch, dass sein Geist und sein Herz absolut rein waren, nicht von schlechten Erfahrungen geprägt waren und Adam keine negativen oder böse Gedanken hatte, konnte er ELOHIMS bedingungslose Liebe zu ihm empfangen.

Er spürte sie… ja, er konnte hören,
wie ELOHIMS Geist unablässig seinem
Geist zuflüsterte: ICH LIEBE DICH, ICH
LIEBE DICH, ICH LIEBE DICH, DU BIST
MEIN! Immer noch etwas benommen
schaute er an sich hinunter und
wackelte mit seinen Zehen. Auf einmal
fing er an zu grinsen und hüpfte von
einem Bein auf das andere. Dann lief
er ganz schnell los, hob die Arme und
schwang sie hoch und runter, wie bei
einem Vogel der fliegt. Dabei fing er
an laut zu lachen und zu jauchzen.
Nachdem er ein paar Minuten um Bäume
herum gerannt war, lief er zu ELOHIM
zurück. Er strahlte über das ganze
Gesicht und war außer Atem. Das hat
Spaß gemacht! rief er aus, ich fühle
mich so lebendig. Ich selbst bin das
Leben und ich habe mein Leben in dich
hineingelegt, erklärte ELOHIM Adam,

ich bin der Schöpfer von allem, ohne mich gäbe es nichts. Ich bin die Liebe, ich bin der Friede, ich bin die Freude, mit all dem und noch mehr habe ich dich erfüllt. Ich persönlich weiß nicht ob Gott zuerst Adam erschuf oder zuerst den Garten in Eden anlegte, jedenfalls brachte Gott Adam dorthin. Es muss ein besonders schöner und geschützter Ort gewesen sein. Adam bekam von Gott die Aufgabe den Garten zu bebauen und gut zu bewahren. Er sollte sämtlichen Tieren ihre Namen geben und über die Tiere im Garten herrschen bzw. man kann auch sagen sie versorgen und anleiten. Gott der Herr sagte zu sich: Es ist nicht gut, dass der Mensch alleine ist, ich will ihm eine Hilfe schaffen, die zu ihm passt (1. Mose, 2,18-19). Gott ließ Adam in einen tiefen Schlaf fallen, entnahm

eine Rippe von ihm und gestaltete aus
der Rippe eine Frau. Für mich ist das
ein wunderschönes Bild von Einheit.
Gott hat sich das perfekt ausgedacht.
Mann und Frau sind manchmal sehr
unterschiedlich, na und? Sie sollen
oder dürfen sich dadurch ergänzen.
Egal ob man verheiratet ist oder
einfach platonisch befreundet. Gott
trägt weibliche und männliche
Persönlichkeitsmerkmale in sich und
Adam gab er vielleicht ein bisschen
mehr Testosteron als Eva. Es braucht
das männliche und das weibliche um
sich fortpflanzen zu können. Gott war
und ist sehr kreativ,
Einfallslosigkeit kann man ihm sicher
nicht vorwerfen. Wer kommt schon auf
die Idee ein Geschöpf zu erschaffen,
wo das Essen oben rein und unten
wieder raus kommt? Ansich eigentlich

genial, andererseits fände ich es
nicht schlecht, wenn man im Himmel auf
den Toilettengang verzichten könnte!
Adam und Eva lebten also in Eden.
Bestimmt waren sie sehr glücklich. Sie
hatten genug zu essen, zu trinken, sie
waren nackt, froren aber nicht, das
Klima muss angenehm gewesen sein. Sie
hatten eine wunderschöne Umgebung, die
sie genießen konnten und sinnerfüllte
Aufgaben von Gott bekommen. Bestimmt
hatten sie eine liebevolle, angstfreie
Beziehung zu Gott und warscheinlich
haben sie auch viel miteinander
geredet und gelacht. Gott versorgte
sie mit allem was sie benötigten. Er
gab Adam nur ein einziges Gebot,
welches natürlich auf für Eva galt:
(1.Mose, 2,17) Von allen Bäumen des
Gartens darfst du essen, nur von dem
Baum der Erkenntnis von Gut und Böse

darfst du nicht essen. Denn sobald du davon ißt, musst du des Todes sterben. Es wäre schön, wenn man jetzt schreiben könnte und so lebten sie glücklich und zufrieden bis zum heutigen Tage. Leider kam es anders. Ich versuche mir vorzustellen, wie das mit dem Sündenfall gewesen sein könnte: Eines Tages saß Eva am Uferrand des Flusses. Sie bestaunte die Schönheit der blühenden Blumen, hörte dem Gezwitscher der Vögel zu, sie schloß die Augen, legte sich ins grüne Gras und genoß den Klang der vorrüberfließenden, leichten Wasserwellen. Die verschiedensten Bäume dufteten nach reifen Früchten, die darauf warteten gepflückt zu werden. Eva summte vor sich hin, als sie ein zischen neben sich wahrnahm. Verwundert schlug sie die Augen auf

setzte sich aufrecht hin und schaute
um sich. Nicht weit von ihr sah sie
eine schöne Schlange im Gras liegen,
den Kopf ständig auf und abwiegen. Die
Schlange zischte: Wie gut die Orangen
duften, da bekommt man richtig
Appetit. Eva antwortete: Ja, sie sind
reif und ich habe mir eben im Gras
überlegt etwas zu essen. Aber ich
warte bis Adam kommt, ich möchte mit
ihm gemeinsam essen. Die Schlange
schlängelte sich zum Orangenbaum
hinüber und kroch ein Stück den Stamm
hinauf. Einige Zeit später, Eva
wartete immer noch auf Adam, ging sie
auf den Orangenbaum zu, wo immer noch
die Schlange war. Eva griff gerade
nach der ersten Orange, als die
Schlange zischte: (1.Mose, 3,1-5) Hat
Gott wirklich gesagt ihr dürft von
keinem Baum des Gartens essen? Eva

stutzte einen Moment lang und dachte nach. Nein, antwortete sie: Wir dürfen von den Früchten der Bäume im Garten essen, nur von den Früchten des Baumes im Garten der Mitte hat Gott gesagt: Eßt nicht davon, rührt sie nicht an, damit ihr nicht sterbt. Die Schlange zischte laut und erwiederte: Aber, aber, kann denn das sein? Denk doch mal nach! Es sind die schönsten Früchte im ganzen Garten, warum solltet ihr davon nicht essen sollen. Tz, tz, das ist ja reinste Verschwendung. Eva schaute die Schlange an und wußte nicht was sie darauf antworten sollte. Wieder zischte die Schlange: Auf keinen Fall werdet ihr sterben. Ich kenne Gott, es hat einen anderen Grund. Eva schaute die Schlange mit großen Augen an. Die Schlange erzählte weiter: Gott weiß ganz genau, wenn ihr von der Frucht eßt, dann werden euch die Augen geöffnet und ihr werdet sein wie Gott und wissen, was gut und böse ist. Eva dachte über die Worte nach. Sein wie Gott, wow, und wäre es nicht sinnvoll zu wissen was gut und schlecht ist? Eva wendete sich von der Schlange ab und ging in Richtung Mitte des Gartens, zu dem Baum der Erkenntnis. Sie schaute die Früchte an, sie glänzten in der Sonne, sie waren makellos und rochen betörend gut. Eva dachte an nichts mehr, pflückte sich eine Frucht und biss hinein. Süß und saftig schmeckte sie. Adam war zwischenzeitlich zu Eva dazugekommen und beobachtete wie Eva genüßlich noch einmal von der Frucht abbiss. Adam fragte Eva: Was tust du da, du weißt doch, dass wir von diesem Baum nichts essen dürfen? Eva hielt Adam die Frucht hin und sagte: Na los, versuch sie auch mal, sie schmeckt besser als alle anderen Früchte, die ich bisher gegessen habe, außerdem sagte die Schlange, dass man klug davon wird, das kann doch nicht schaden oder? Etwas zögerlich nahm Adam den Apfel, überlegte kurz und biss dann doch ab, kaute, schluckte und die Schlange, die alles aus der Entfernung beobachtet hatte, machte sich lachend und zischend davon. Als Adam und Eva die Frucht aufgegessen hatten, sahen sie sich gegenseitig an und erschraken. Ihnen waren die Augen aufgegangen, sie erkannten beide, dass sie nackt waren. Sie schämten sich voreinander. Der Same des Bösen, die Sünde war in ihnen geboren. Vor dem Sündenfall schämten sie sich nicht voreinander. Adam und

Eva pflückten sich Feigenblätter um
sich ihre Blöse damit abzudecken,
wobei Feigenblätter nicht unbedingt
die beste Wahl war, aber warscheinlich
hatten sie auf die Schnelle nix
anderes. Während all dies passierte
lief König ELOHIM in seinem Thronsaal
auf und ab, seufzte tief und spach zu
Engel Martin: Jetzt ist es passiert!
Martin schaute ELOHIM fragend an, der
ihm dann entgegnete: Adam und Eva
haben von der verbotenen Frucht
gegessen. Luzifer, der gefallene Engel
kam in Gestalt einer Schlange in den
Garten und hat die beiden verführt. Er
hat sie belogen, sie manipuliert, er
hat Zweifel in ihre Gedanken gesät in
dem er schlecht über mich geredet hat.
Adam und Eva haben darüber
nachgedacht, ob ich ihnen vielleicht
etwas vorenthalte, sie haben dem

Zweifel nachgegeben auf die Schlange
gehört und sind ungehorsam geworden.
Der Same des Bösen kam in den Menschen
durch den Ungehorsam, jetzt muss der
Mensch eines Tages sterben, seine
Seele wird ewig leben, aber sein Leib
wird wieder zu Staub zerfallen. Es
wird viele Nachkommen von Adam und Eva
geben und alle Menschen nach ihnen
werden mit einer sündigen Natur
geboren. Die Menschen werden sich der
Sünde zum Teil bewusst sein und
deswegen aus Scham vor mir weglaufen,
weil sie sich zu unwürdig fühlen, um
mit mir noch Gemeinschaft zu haben.
Sie werden aus Angst vor mir weg
laufen, weil sie denken, dass ich
zornig über ihr falsches Verhalten bin
und ich sie nicht mehr lieben kann.
Manch andere Menschen werden keine
Gemeinschaft mit mir haben wollen,

weil sie das Böse mehr lieben werden als mich. Ich bin zornig auf die Schlange und Sünde kann ich nicht dulden, aber die Menschen liebe ich trotzdem. Ich bin bereit ihnen zu vergeben, aber die Konzequenzen für ihr falsches Verhalten müssen sie tragen. Sorgenfalten und Schmerz waren auf dem Gesicht des Königs zu sehen. Martin sagte zu ELOHIM: Mein König, du weißt, dass ich nichts von dem was du tust in Frage stelle, aber erlaube mir die eine Frage: Warum hast du den Baum der Erkenntnis von Gut und Böse in den Garten gestellt? Du wusstest, dass Adam und Eva davon essen würden, denn du weißt alles! ELOHIM antwortete: Ich liebe Adam und Eva immer noch von ganzem Herzen, ich gab ihnen einen geschützten Raum, wo sie leben konnten, ich habe sie mit allem versorgt was sie benötigten, ja ich gab ihnen im Überfluss an Gutem und ihre Aufgaben bereiteten Ihnen Freude. Sie hatten Gemeinschaft mit mir und sie haben sie genossen, genauso wie ich. Ich habe Adam und Eva mit einem freien Willen erschaffen, ich wollte sie nicht zwingen mich zu lieben oder mir zu gehorchen, ich wollte sie nicht zwingen ohne freien Willen in Ewigkeit mit mir in Beziehung zu leben. Ich möchte, dass sich der Mensch, ohne manipuliert zu werden, dafür entscheidet eine Beziehung mit mir haben zu wollen, dass er mir aus freiem Herzen vertraut und mir gehorcht, weil er erkennt, dass ich es gut mit ihm meine und ihn von Herzen liebe. Natürlich wusste ich, dass sie in den Apfel beißen würden, aber diese Freiheit musste ich ihnen zugestehen. Es schmerzt mich sehr, Adam und Eva jetzt in diesem Zustand zu sehen, sie haben sich notdürftig kratzige Feigenblätter umgebunden, sie schämen sich voreinander, sie sind sich ihrer Schuld bewusst und sie verstecken sich vor mir, weil sie jetzt Angst vor mir haben, dabei möchte ich nicht, dass sie sich vor mir fürchten. Ich muss jetzt zu den beiden gehen und mit ihnen reden. ELOHIM machte sich also auf den Weg zu Adam und Eva in den Garten. Die Beiden hörten ihn, wie er in den Garten kam und sie versteckten sich hinter Bäumen. Elohim rief sie. Adam antwortete ihm hinter dem Baum: Wir haben uns hinter dem Baum versteckt, weil wir nackt sind, wir hatten Angst vor dir. ELOHIM fragte: Wer hat euch gesagt, dass ihr nackt seid, habt ihr vom Baum gegessen, den ich euch verboten habe? Adam druckste ein wenig herum und sagte: Die Frau hat mir von der Frucht zu essen gegeben. Eigentlich wollte ich ja gar nicht abbeißen, aber du hast mir die Frau ja gegeben, da dachte ich es wird schon nicht so schlimm sein. Da entgegnete Eva: Ja, aber die Schlange hat mich verführt, da habe ich eben gegessen. Beide schoben die Schuld von sich, ganz schön feige eigentlich, aber wir Menschen reagieren heute auch oft nicht anders oder? Wir beschuldigen Andere oder unsere Umstände oder sogar Gott für vieles, obwohl Gott nie der Schuldige ist. In seiner Fürsorge und Liebe für die Beiden Menschen, machte Gott ihnen noch Kleidung aus Fell, damit sie die Feigenblätter ablegen konnten. Nach dem Sündenfall haben Adam und Eva sicher auch angefangen sich mit anderen Augen anzusehen, eine gewisse körperliche Begierde wurde geweckt, deswegen war es gut Kleidung zu bekommen, ansonsten wäre Adam vielleicht öfter mal über Eva hergefallen, vielleicht öfter als ihr lieb gewesen wäre! Gott sagte zur Schlange, die ja in dem Fall den Satan bzw. Luzifer darstellte: Weil du gelogen und verführt hast, sollst du verflucht sein. Ich will Feindschaft setzen zwischen dich und Eva, zwischen deinen Nachkommen (Satan hat also auch eine Gefolgschaft gefallener Engel) und den Nachkommen Evas. Satan weiss genau, dass der Mensch Gottes geschaffene Krönung ist, ein einzigartiges Wesen, dem Gott einen unbezahlbaren Wert und königliche

Würde verliehen hat. Kann ja auch nicht anders sein, wenn er unser Schöpfer ist. Satan weiss, dass der Mensch auch dazu erschaffen wurde in Gemeinschaft mit Gott zu leben, an einem Ort wo es keine Ängste, Nöte, Krankheiten und keinen Mangel in welcher Form auch immer gibt. Laut Bibel ist er ein gefallener Engel, man geht davon aus, dass es ein Erzengel gewesen sein muss, der sich gegen Gott aufgelehnt hat und dementsprechend aus dem Himmel geflogen ist. Wo Gott sich aufhält, kann nichts sein, was sich über kurz oder lang gegen ihn stellt. Er ist heilig! Satan muss also ziemlich wütend auf Gott sein, wenn er sich gegen alles stellt, was Gott lieb und wert ist. Er ist nur auf Zerstörung aus. Gott machte Adam und Eva noch auf verschiedene Nöte aufmerksam, die aufgrund ihres falschen Verhaltens kommem würden (1. Mose, 16-19). Das waren warscheinlich einfach die natürlichen Konsequenzen ihres Fehlverhaltens. Gott machte Eva die Zusage, dass sie trotz Versagen, die Mutter aller Lebenden sein durfte. Gott hielt nach wie vor an dem Plan fest Menschen zu erschaffen, an denen er seine Freude hat und die ihr Leben mit ihm teilen wollen. Ein Baum des Lebens befand sich auch noch im Garten Eden, Gott stellte Engel davor, denn es war wichtig, dass Adam und Eva nicht auch noch von dieser Frucht aßen oder sonst ein Mensch, denn dann würden sie in Ewigkeit in diesem gefallenen Zustand bleiben, ohne zu sterben und das wäre wirklich eine endlose Katastrophe. Also ich bin froh eines Tages sterben zu dürfen um in den Himmel zu kommen, ich kann mir nicht vorstellen ewig in dieser gefallenen Welt zu leben. Es gibt viel Schönes auf der Erde, aber es gibt auch viel Mühsal und Nöte und Ungerechtigkeiten die echt zum Himmel schreien. Es gibt viel Gottlosigkeit und das macht mich manchmal sehr traurig. Adam und Eva hatten also durch ihre Schuld das Paradis auf Erden verloren und somit alle Generationen nach ihnen bis zum heutigen Tag. Ich habe mich gefragt, ob man den beiden die alleinige Schuld für die ganzen Konsequenzen in die Schuhe schieben kann, dann hätten wir alle einen Übeltäter und könnten uns fein rausreden. Es wäre ja auch ungerecht von Gott, wenn er so viele Menschen nur wegen zwei Menschen, die eine Fehlentscheidung getroffen haben, leiden lassen würde oder? Ich persönlich glaube, auch wenn ich es nicht biblisch belegen kann, dass jeder einzelne Mensch, der schon lebte oder noch geboren wird, wie Adam und Eva in den Apfel beißen würde. Ob die Menschen Peter und Marie oder Kevin und Silvia heißen würden, spielt keine Rolle. Jeder einzelne würde von der Schlange, dem Gegenspieler Gottes in Versuchung geführt werden, vielleicht würde die eine oder andere Person der Versuchung länger widerstehen, als Adam und Eva, aber eines Tages, zack, würden wir in die gleiche Falle tappen und von der verbotenen Frucht essen und Gott würde es genauso zulassen, weil wir alle mit einem freien Willen geboren wurden und jemand der einen freien Willen hat, muss auch zu etwas nein sagen dürfen, muss etwas oder jemanden ablehnen dürfen. Jetzt könnte man noch einen Schritt weiter zurück gehen und sagen: Wenn Gott wusste, wie sich der Mensch entwickelt, hätte er ihn doch nicht erschaffen brauchen, dann hätte er dem Menschen sein ganzes Leid und das Leid das er anderen zufügt ja ersparen können und sich selbst im Grunde genommen auch. Kann man Gott den Vorwurf machen, dass er den Menschen erschaffen hat? Kann man schon, aber ob das richtig ist oder nicht ist eine andere Sache. Ich selbst bin froh, dass es mich gibt, dass ich sein darf, dass Leben in mir steckt, ewiges Leben. Die Vorstellung nicht mehr zu sein, wo ich doch jetzt schon bin, finde ich schrecklich. Das Leben ist ein Geschenk von Gott an uns und ich möchte das Geschenk nicht ablehnen, will es annehmen und auskosten so gut es geht. Sicher gibt es auch viele Nöte solange wir auf der Erde leben, mehr oder weniger bleibt keiner davon verschont, aber wenn ich daran denke, dass das Leben hier auf der Erde nur ein Klacks im Vergleich zum ewigen Leben nach dem Tod ist, dann macht mir das Mut, gibt mir Kraft auch schwierige Umstände zu meistern oder zu ertragen. Wenn wir Gott lieben und gerne mit ihm zusammen sind werden wir in Ewigkeit mit ihm Gemeinschaft haben und mit vielen anderen Menschen, also ich freue mich total darauf. Wenn es mich nicht gäbe, müsste ich darauf verzichten. Gott ist Gott, er kann tun und lassen was er will. Das kann für die eine oder andere Person sehr herausfordernd sein, diesen Satz so stehen zu lassen und rein menschlich gesehen, verstehe ich das auch. Ich glaube je besser man Gott kennt, sein Herz kennt, seine Gefühle, seine Gedankenvorgänge, desto einfacher kann man diesen Satz, Gott kann tun was er will, akzeptieren. Ich bin nicht glücklich über den Sündenfall und die darauffolgenden Konsequenzen, aber ich verstehe in der Zwischenzeit wesentlich besser als noch vor zwanzig Jahren, dass Gott keine Marionetten wollte sondern ein echtes Gegenüber. Warscheinlich leidet Gott am allermeisten, wenn er sich das Elend auf der Erde anschaut, er kennt jede Person und hat ein Interesse an jedem. Ich habe zwei Töchter und wenn es einer oder beiden nicht gut geht, fühle ich mit, wenn sie irgendwo oder mit irgendetwas Schwierigkeiten haben, dann ist bei mir der Katzenjammer zwischendurch auch ganz schön groß, bis ich es geschafft habe meine Töchter und die Schwierigkeiten loszulassen, und die Situation mit etwas Abstand zu betrachten. Ich bewundere Gott dafür, dass er mitfühlen und sich aber gleichzeitig abgrenzen und die Menschen loslassen kann, sie einfach laufen lässt, wenn sie von ihm nichts wissen wollen oder wenn sie zu einer bestimmten Zeit wegen einer bestimmten Sache einfach noch nicht belehrbar sind oder seine Liebe aus irgendeinem Grund einfach noch nicht annehmen können. Das traurigste was es gibt ist, wenn Menschen, Gott lebenslänglich ablehnen und darüber hinaus auch wenn sie gestorben sind. Sie leben in Ewigkeit getrennt von Gott. Getrennt von einem Lebensraum, der durchtränkt ist von Liebe, Freude, Frieden, Freiheit und von einer Fülle an Gutem. Obwohl Gott uns Menschen in allererster Linie liebt und ich glaube, dass er oft sehr barmherzig mit uns umgeht, trotz useres Fehlverhaltens, ist Zorn auch eine Eigenschaft von ihm. In der Konkordanz stehen viele Bibelstellen zum Thema Zorn. Gott wird über Bosheit in ganz unterschiedlicher Form, Missstände, Ungerechtigkeiten und Fehlverhalten auch zornig. Vielleicht ist er manchmal einfach auch nur sehr traurig über das Verhalten von uns Menschen. Ich bin froh, dass Zorn auch zu Gottes Charaktereigenschaften gehört. Dabei muss man verstehen, dass es ein gerechter Zorn ist, Gott ist die Gerechtigkeit in Person. Er macht keine Fehler, auch wenn wir das manchmal denken. Ist er über etwas zornig hat er allen Grund dazu. Wenn

Menschen sehr wütend sind, können sie, weil sie sich vielleicht verletzt fühlen oder ungerecht behandelt fühlen, andere in ihrer Wut auch wieder verletzen und sie verspüren dann z. B. Genugtuung. Wenn Gott zornig ist, ist es nicht seine Absicht Menschen zu verletzen, durch seinen Zorn warnt er die Menschen, damit sie ihr Verhalten ändern können. Im alten Testament sprach Gott die Menschen sehr oft durch Propheten an. Sie sollten ihr sündhaftes Verhalten lassen, damit er sie nicht bestrafen musste. Wenn ich manche Bibelstellen richtig verstanden habe, warnte Gott die Menschen oft sogar mehrmals, bevor sie die Konzequenzen zu tragen hatten, wenn sie nicht umkehren wollten. Gott schlägt in seinem Zorn also nicht einfach nur so um sich, in der

Hoffnung irgendjemanden zu treffen. Stellen Sie sich mal einen antiautoritären, Weichei-Gott vor, mit dem man machen kann was man will, der immer nur lieb lächelt und zu allem ja und Amen sagt. Das wäre eine einzige Katastrophe. Wir Eltern erziehen unsere Kinder ja auch oder versuchen es und manches Mal müssen unsere Kinder die negativen Konzequenzen ihres Tuns ertragen. Je inniger meine Beziehung zu Gott ist, desto besser verstehe ich, dass egal was Gott in unserem Leben an Erschütterungen oder Problemen zulässt, nicht Herzlosigkeit oder Interessenlosigkeit dahinter steckt. Auch wenn ich, wie viele andere Menschen manches Mal nicht oder noch nicht verstehe, wieso Gott so viel Leid auf dieser Erde zulässt, so bin ich trotzdem davon überzeugt, dass

Gott letztendlich gerecht handelt. Im Moment fragen sich viele Menschen, auch Christen, warum hat Gott zugelassen, dass die Germanwings der Lufthansa abstürzte, und 150 Menschen starben. Was hätte Gott tun sollen? In das Navigationssystem eingreifen, weil der Pilot es nicht getan hat? Natürlich hätte er das tun können, aber es passieren jeden Tag viele Unfälle, Unglücke auf der ganzen Welt, wo soll Gott anfangen und aufhören? Wenn er gerecht sein wollte, müsste er viele Menschen jeden Tag vor Unglück bewahren. Und ich denke Gott greift durch seine Schutzengel öfter ein, und wir merken es gar nicht. Damit aber auf der ganzen Welt kein Leid mehr geschieht, müsste er unsere Gedanken und unsere Taten von morgens bis abends lenken, dann wären wir aber wieder Marionetten und hätten nichts zu sagen. Viele Menschen wollen das nicht. Sie wollen, dass Gott eingreift und Leid verhindert, aber sie wollen keine Beziehung zu ihm und sich nichts von ihm sagen lassen. Dann zieht sich Gott zurück, wir können uns glücklich schätzen, dass er sich nicht ganz von dieser Menschheit zurückgezogen hat. Trotzdem kann ich natürlich den Schmerz oder die Wut der Eltern, die z.B. ihre Kinder bei dem Flugzeugabsturz verloren haben nachempfinden, es ist furchtbar tragisch, für alle Beteiligten und ich wünsche das niemandem. Als Christ kann ich in dem Fall, da ich die Menschen nicht kenne, nur eines tun, nämlich für die betroffenen Menschen beten, dass sie genug Hilfe und Trost bekommen, dass Gott ihnen Kraft gibt, in der Situation alles zu bewältigen was nötig ist und sie innerlich heilt und wieder herstellt und sie eines Tages in der Lage sind zu vergeben, wo es notwendig ist. Auch wir Christen werden nie alles verstehen, was Gott tut oder auch nicht tut. Trotz allem ist Gott ein Gott, der sich eine ganz persönliche Beziehung zu jedem Menschen wünscht und ich stelle immer wieder fest, dass er ganz individuell auf verschiedene Menschen eingeht, was ich toll finde. Ich habe über einen längeren Zeitraum beobachtet, dass Gott mit mir sanfmütig umgeht und er sehr geduldig ist. Das brauche ich auch, damit ich ihm mein Herz immer mehr öffne, ich habe z. B. in meiner Kindheit einige cholerische und manipulative Menschen um mich herum gehabt, das hat mich als sehr sensibler Mensch oft verletzt und ich habe sehr früh eine Schutzmauer um mein Herz gebaut. Es hat Jahre gedauert bis ich Gott mein Herz wieder geöffnet habe, ich wusste ja nicht wirklich, dass er eben anders ist als fehlbare Menschen. Ich habe zwischenzeitlich erkannt, dass Gott weder kontrollierend noch manipulierend ist und auch keinen unguten Druck auf mich ausübt. Das ist für mich sehr wichtig, damit ich lernen kann ihm immer mehr zu vertrauen. Jeder Mensch ob jung, ob alt, wird von anderen irgendwann verletzt, jeder Mensch erlebt Schmerzhaftes, leidvolle Situationen, der eine vielleicht mehr als der andere und seit dem Sündenfall ist kein Mensch unfehlbar, keiner schafft es sich ständig an die zehn Gebote zu halten. Wenn man es genau nimmt, müsste man sich nur an zwei Gebote halten, nämlich du sollst deinen Gott von ganzem Herzen lieben und keine anderen Götter neben ihm lieben und liebe deinen Nächsten wie dich selbst. Wenn jeder Mensch das tun würde, würde er sich automatisch auch an die restlichen Gebote halten. Dann hätten wir das Beste Leben hier auf der Erde, warscheinlich Garten Eden ähnliche Zustände. Aber das ist saumäßig schwer, das schafft keiner aus eigenem Willen und eigener Kraft. Wir brauchen den Heiligen Geist in uns um ein Leben zu leben, das Gott gefällt und das gut für uns ist. Mir fällt es manchmal schon schwer auf Kaffee zu verzichten, obwohl ich schon drei Tassen über den Tag hatte. (zu viel Kaffee soll ungesund sein)! Da könnte ich auch den

Heiligen Geist um Hilfe bitten, dass
ich auf Kaffee verzichten kann, das
Problem ist in dem Fall aber eher,
dass ich manchmal einfach nicht will!!
Ist es nicht oft so, dass wir Menschen
einfach nicht wollen? Oft bete ich:
Herr schenke mir das Wollen und
Vollbringen, falls ich etwas gar nicht
will, was aber gut für mich wäre. Da
gibt es immer wieder mal was. Kommen
wir auf das Thema zurück, um das es
mir eigentlich von Anfang an geht.
Nämlich dass Gott gut ist. Er kämpft
um unser Herz, das hat er schon immer,
seit Erschaffung der ersten beiden
Menschen. Ich möchte jetzt eine
einfache Kurzversion, (wie schon
gesagt, ich habe nicht Theologie
studiert) des alten Testaments
wiedergeben, um aufzuzeigen, dass Gott
sehr barmherzig und geduldig mit den

Menschen damals war und es auch heute noch ist. Zur Zeit Noahs, waren die Menschen gottlos und böse (1. Mose 5,11-12). Ich gehe davon aus, dass Adam und Eva ihren Kindern und Enkelkindern von Gott, dem Garten Eden und auch dem Sündenfall erzählt haben. In 1.Mose 5,26 steht, dass die Menschen zur Zeit Enoschs, das ist der Enkelsohn von Adam, Gott begannen anzubeten. Aber so wie es aussieht, hatten die ganzen Generationen nach Enosch bis zu Noah immer weniger Interesse an Gott. Zu diesem Zeitpunkt gab es noch keine zehn Gebote und keine besonderen zwischenmenschlichen Regelungen von Gott für die Menschen und diese machten dann warscheinlich einfach was sie wollten. Satan und die ganzen gefallenen Engel, genannt Dämonen, werden sich nicht viel Zeit gelassen und die Menschen in ihrer Gedankenwelt und in ihrem Handeln sehr negativ beeinflusst haben und das bis zum heutigen Tag. Er hat sich nicht damit zufriedengegeben Adam und Eva anzugreifen, nein, das versucht er bei jedem! Dazu gibt es einige interessante Bibelstellen, in Joh. 13,2-3 z. B. steht: Es war bei dem Abendessen, der Teufel hatte dem Judas Ischariot, bereits ins Herz gegeben Jesus Christus zu verraten. Es zeigt, dass ein Mensch sich gedanklich und in seinem Tun vom Teufel verführen lassen kann. Wenn Menschen sich von Gott abwenden, geraten sie automatisch unter den Herrschaftsbereich Satans. Vielen ist das gar nicht bewußt. Gott muss wirklich sehr, sehr frustriert gewesen sein, denn er wollte bis auf Noah und seine Familie, die ganze

Menschheit, wegen ihrer Bosheit
ausrotten. Wie muss er sich gefühlt
haben, wenn er fast die ganze
Menschheit durch eine Flut auslöscht?
Ich bewundere Noah und frage mich wie
er es geschafft hat unter diesen bösen
Menschen seine Beziehung zu Gott
aufrechtzuerhalten. Er muss ein großes
Maß an heiligem Respekt vor Gott und
großes Vertrauen gehabt haben. In der
Bibel steht: Noah lebte in enger
Gemeinschaft mit Gott. Nach der großen
Flut schloss Gott einen Bund mit Noah
und seiner Familie und mit jedem
Lebewesen bis zum heutigen Tag,
nämlich, dass er die Erde und alle
Lebewesen nie wieder komplett durch
eine Flut vernichten würde. Gott gab
Noah und seiner Familie ein paar
Regeln an die sie sich halten sollten
und ermutigte sie, viele Kinder zu

bekommen um die Erde zu bevölkern. Durch das gesamte alte Testament hat Gott immer wieder zu Menschen und durch Menschen gesprochen. Er wollte nach wie vor, dass Menschen ihn als einzigen, wahren, guten Gott anerkannten und anbeteten. Er suchte ständig nach Personen, die das umsetzten, was er wollte und natürlich versuchte Gott die Menschen mit allem was sie benötigten und noch mehr zu segnen. Aber auch nach der Flut wandten sich viele Menschen von ihm aus Angst oder einfach Rebellion gegen ihn ab. Gott sagte zu Abraham einem Nachkomme Noahs: Zieh weg von deiner alten Heimat ins Land Kanaan, dieses Land will ich dir und deinen Nachkommen geben. Es muss wohl ein sehr schönes, fruchtbares Land gewesen sein. Durch eine Hungersnot landeten die Nachkommen Abrahams aber in Ägypten, wo sie einige Jahrhunderte schlussendlich als Sklaven lebten. Gott wollte sie aus der Gefangenschaft der Ägypter befreien, und sie in das Land Kanaan bringen, wo es ihnen richtig gut gehen sollte. Ich hab mich gefragt warum Gott so viele Jahre wartete, um die Israeliten endlich in das neue Land zu bringen. Vielleicht wollte er, dass die Israeliten zu einem großen Volk heranwuchsen, damit sie in der Lage waren ein Land oder Landgebiete einzunehmen. Oder die Israeliten hatten sich mit ihrem Zustand in Ägypten lange Zeit abgefunden und schrien erst zu Gott um Hilfe als der Zustand unerträglich wurde. Ich verstehe Gott oft nicht, aber vielleicht sieht er viele Dinge global und das können wir Menschen ja längst nicht immer. Gott suchte sich also eine Person namens Mose heraus, der auf Anweisung von Gott, die Israeliten aus Ägypten rausführte, durch die Wüste hindurch und Gott schloss Bündnisse mit ihnen und gab diesem Volk Regeln und die zehn Gebote, an die sie sich halten sollten. Bei Regel- und Gebotsverstoß mussten sie natürlich mit den Konzequenzen rechnen. Ich habe mich auch gefragt, warum die Konzequenzen oft so hart ausfielen, aber vielleicht ging es nicht anders bei so vielen Menschen auf einem Haufen, vielleicht hätte auf Dauer wieder jeder gemacht was er wollte und es hätte unter dem Volk viel Gewalt und Tod gegeben. Wegen ihrem rebellischen Verhalten Gott gegenüber wanderten die Israeliten doch tatsächlich 40 Jahre

durch die Wüste, obwohl sie angeblich
in ein paar Wochen hätten durch die
Wüste durch sein können. Find ich
toll, dass obwohl Gott echt zornig
über das falsche Verhalten von den
Israeliten war, er sie nicht alleine
gelassen hat. Gott hält seine
Versprechen! Nach 40 Jahren endlich,
eine Generation später, starb Mose und
Josua, sein Nachfolger durfte das Volk
anführen und sie zogen in das Land
Kanaan hinein. Sämtliche Gebiete mit
ihren Städten wurden eingenommen,
leider wurden viele Menschen mit den
dazugehörigen Königen gefangengenommen
und getötet. Kein schöner Gedanke.
Aber Gott ist heilig und er wollte ein
heiliges Volk, das nur ihn anbetet und
sich an seine Gebote hält. Er wollte
nicht, dass sich die Israeliten mit
anderen Menschen, die andere Götter

anbeteten und ziemlich schreckliche Rituale hatten, z. B. ihre Kinder opferten, vermischten. Es ist sicher nicht übertrieben, wenn ich sage, Gott hasst eine Denk- und Verhaltensweise, die gegen seine vollkommene Person oder Persönlichkeit steht. Auf jeden Fall wurden nach und nach, sämtliche Gebiete auf die israelischen Stämme aufgeteilt. Gott hielt all seine Zusagen dem israelischen Volk gegenüber, versorgte sie, kümmerte sich darum, dass die Feinde weiterhin geschlagen oder vertrieben wurden und er gab ihnen Frieden. Viele Jahre später, als Josua alt und kurz vorm Sterben war, warnte er die Israeliten noch einmal, sich nicht mit anderen übriggebliebenen Völkern, die anderen Göttern dienten einzulassen, denn sonst würde Gott sich von seinem Volk abwenden. Erscheint mir persönlich logisch. Israel diente dem Herrn noch einige Jahre nach Josuas Tod. Als aber aus Josuas Generation alle gestorben waren, wuchs eine neue Generation heran, die den Herrn nicht kannte, sie verließen den Gott ihrer Vorfahren und fingen an andere, fremde Götter anzubeten. Da ließ Gott zu, dass sie sich nicht mehr gegen ihre Feinde behaupten konnten und dem Volk Israel ging es immer schlechter. Da die Israeliten nicht mehr auf Gott hörten, setzte er in seiner großen Gnade Richter ein, die die Israeliten vor ihren Feinden retten sollten. Aber das Volk hörte auf Dauer nicht auf die Richter und jedes Mal wenn ein Richter starb, machte das Volk wieder was es wollte. Das ging viele Jahre so. Gott zog sich zurück und überlies das Volk zum Teil sich selbst. Wieder viele Jahre später, es ging auf und ab mit Israel, jammerte das Volk wir wollen einen König, der über uns richtet, wie ihn die anderen Völker auch haben. Ist das nicht dämlich? Sie hatten den besten König des ganzen Universums an ihrer Seite, den verließen sie, um viele Jahre später nach einem menschlichen König zu schreien? Samuel, der damalige Richter warnte die Israeliten vor einem König! Er sagte zu dem Volk: Er wird eure Söhne ins Heer einziehen, ihr müßt seine Felder pflügen, die Ernte einbringen, ihr müßt einen Zehntel eurer Ernte und eures Kleinviehs abgeben, er wird eure Töchter zum kochen und backen beanspruchen, eure Mägde und Knechte wegnehmen usw. Dann werdet ihr um Hilfe schreien, aber Gott wird euch

dann nicht hören. Tja, das Volk wollte
nicht auf die Warnung hören, sie
wollten einen König, der über sie
herrscht und ihre Schlachten führt.
Gott gab ihnen einen König namens
Saul. Allerdings befolgte Saul die
Anweisungen von Gott auf Dauer nicht,
sondern tat was das Volk wollte. Da
musste Gott einen anderen König
einsetzten, der ihm gehorsam war.
Nämlich David. David war ein guter
König, auch wenn er ein paar einzelne,
gravierende Fehler machte, für die er
auch die Konsequenzen tragen musste,
war er dennoch ein guter König und er
liebte Gott von ganzem Herzen. Gott
sah das und er liebte und segnete
David. Nachdem David gestorben war,
wurde Salomo sein Sohn König. Salomo
gehorchte dem Herrn wie sein Vater es
tat und hielt sich an alle

Anweisungen, die er erhielt. Gott
hatte seine Freude an Salomo und er
sprach zu ihm: Bitte mich um was du
willst und ich werde es dir geben.
Salomo bat Gott um Weisheit. Das
gefiel Gott. Er sagte zu Salomo: Ich
schenke dir Weisheit und Verstand, wie
kein Mensch vor dir sie besaß und kein
Mensch nach dir mehr besitzen wird.
Wow! Auserdem gebe ich dir Reichtum
und Ehre und wenn du mir gehorchst,
meine Gesetzte und Gebote einhälst,
dann schenke ich dir ein langes Leben.
Da könnte man glatt neidisch werden!
Ich brauche auch Weisheit in meinem
Leben und ein bisschen mehr Geld würde
auch nicht schaden, aber sagt Jesus
nicht bittet und es wird euch gegeben?
Vorm einschlafen muss ich mal noch ein
Wörtchen mit meinem Herrn führen. Also
unter der Herrschaft Salomos, ging es

dem Volk Israel sehr gut! Er baute mit Erlaubnis des Herrn einen Tempel, um Gott zu ehren: Gott sprach zu ihm: Wenn du alle meine Gebote einhälst und meine Vorschriften befolgst, dann verspreche ich dir bei dem israelischen Volk zu leben und das Volk niemals zu verlassen. Die Bundeslade mit den zehn Geboten wurde in den Tempel gebracht und die Herrlichkeit des Herrn war gegenwärtig. Leider liebte König Salomo viele ausländische Frauen, die andere Götter anbeteten. Er wurde Gott untreu und opferte anderen Göttern. Da wurde der Herr zornig über Salomos Verhalten, er hatte ihn doch ausdrücklich davor gewarnt. Er sprach zu Salomo: Ich werde dir das Königreich wegnehmen und es einem deiner Diener geben. Nach Salomos Tod

gab es noch viele Könige, die über
Israel regierten, manche liebten Gott
und taten was ihm gefiel, dann ging es
dem Volk auch gut, aber viele Könige
taten was Gott mißfiel und dann ging
es dem Volk nicht mehr gut. Gott
sandte seinem Volk immer wieder
Propheten, die die Menschen davor
warnten, sich von Gott abzuwenden,
denn er sorgte sich um sie und um
sein Heiligtum. Aber die Menschen
machten sich über die Boten lustig und
irgendwann war Gott so zornig, dass er
nicht mehr zu besänftigen war. Er ließ
zu, dass König Nebukadnezar die
Jerusalemer Stadtmauer einriß, die
Paläste niedergebrannt wurden,
Menschen bis auf wenige getötet wurden
und der Tempel Gottes wurde geplündert
und zerstört. Die wenig übrig
gebliebenen vom Volk Gottes wurden

nach Babel in Gefangenschaft verschleppt. Da Gott sein auserwähltes Volk aber immer noch liebte und er ja einen Plan mit Ihnen hatte, sprach Gott viele Jahre später zu dem König in Babel: Bau in Jerusalem meinen Tempel wieder auf und lass mein Volk dorthinziehen um zu helfen. Die verbannten Israeliten zogen also nach Jerusalem zurück um den Tempel Gottes wieder aufzubauen, auch die Stadt und die Jerusalemer Mauer, damit sie vor Feinden geschützt waren. Ein Diener Gottes, namens Nehemia setzte sich mit ganzer Kraft dafür ein, dass die Gesetze und Vorschriften des Herrn eingehalten wurden und Gott sich mit seiner Gegenwart wieder im Tempel niederlassen konnte. Während dieser ganzen Zeit des Wiederaufbaus gab es natürlich Feinde, die den Wiederaufbau verhindern wollten, aber Gott sorgte dafür, dass die Feinde vertrieben wurden. Man könnte denken, so jetzt haben die Israeliten endlich gelernt auf Gott zu hören, ihm zu vertrauen und ihm zu gehorchen. Jetzt wird alles gut, Isreal ist das positive Paradebeispiel für alle Völker der Erde. Und mit der Zeit würden bestimmt alle anderen Menschen auch erkennen, dass es sich lohnt, sich mit diesem einen, wahrhaftigen, treuen, gnädigen, versorgenden, vergebenden Gott zusammenzutun. Weit gefehlt! Am Anfang des Buches Jesaja klagt Gott über sein Volk Israel. In Kap. 1,3 steht: Ochsen und Esel kennen ihren Besitzer und den Futtertrog ihres Herren, aber mein Volk begreift nichts! Gott klagt und jammert in den Büchern Jesaja und Jeremina über sein Volk und auch über die anderen Menschen. Er liebt die Menschen und ist gleichzeitig furchtbar frustriert über ihr Verhalten. Es ist absolut lohnenswert, wenn man sich das alte Testament mal ganz von vorne bis zum Schluß durchliest. Ich dachte lange Zeit es ist so schwierig zu verstehen und langweilig. Ist es aber nicht. Es gibt ja einfache Bibelübersetzungen und es ist total interessant was man über Gott erfährt, wie er denkt, was er für Gefühlsregungen hat oder was man tun kann um ihn zu erfreuen. Man lernt ihn besser zu verstehen. Ich möchte Gott auch nicht gerade mit Absicht verletzen. Genausowenig wie meine Mitmenschen. Gottes Gnade und Geduld mit uns sterblichen Geschöpfen ist für mich immer wieder ganz erstaunlich. Warum macht Gott dieses ganze Theater so lange mit? Vielleicht genügt es Gott nicht, wenn er nur ein paar Leute im Himmel hat, vielleicht will er ganz, ganz, ganz viele Menschen im Himmel in seiner Nähe haben, er mag viele Gründe haben, aber darum geht es mir ja jetzt nicht in erster Linie. Wie schon gesagt, möchte er dass der Mensch wieder in eine vertrauensvolle Beziehung zu ihm kommt und in Ewigkeit, also auch nach dem Tod, in seiner Nähe sein kann. Aber was muss denn noch passieren, dass die Menschen auf Gott hören, dass sie tun was er sagt, dass sie ihn lieben lernen, dass sie nicht in Ewigkeit von Gott getrennt sind? Gott spricht schon im alten Testament von einer Rettung für alle Menschen! Jesus Christus ist die Rettung für uns Menschen. Von ihm wird z.B. in Jesaja 11,1-5 geschrieben. Es gibt noch andere Hinweise auf Cristus im alten Testament. Brauchen wir Menschen tatsächlich einen Retter? Ja, brauchen wir, Sünde, also Fehlverhalten trennt uns von unserem heiligen Schöpfer. Wir brauchen jemanden, der uns von der Macht der Sünde befreit. Wir brauchen Versöhnung mit Gott, jemanden, der uns mit Gott versöhnt. Es gibt Menschen, die behaupten von sich aus gut zu sein, aber seit dem Sündenfall gibt es keinen Menschen, der nicht sündigt, sich falsch verhält, ob mit Absicht oder nicht spielt keine Rolle. In Römer 2,10-12 steht: Keiner ist gerecht, keiner ist klug, keiner fragt nach Gott. Alle haben sich von Gott abgewandt, alle sind für Gott unbrauchbar geworden, keiner tut Gutes, auch nicht ein einziger! Vor vielen Jahren, als meine Beziehung zu Gott noch nicht so innig war, dachte ich: Dieser Paulus ist ganz schön hart, fast unverschämt, wie kann er sagen, dass keiner etwas Gutes tut und wir alle unbrauchbar für Gott sind? Aber mit der Zeit, habe ich verstanden was er meint und ich stimme ihm zwischenzeitlich zu. Der Mensch getrennt von Gott mag in der Lage sein, viel Gutes zu tun, das fällt aber dann aber meiner Meinung nach oft unter die Kategorie humanistisches Denken. Was nützt es, wenn man gute Werke tut, aber seinen Schöpfer ablehnt, der einen überhaupt erst in die Lage versetzt hat Gutes zu tun? Die größte Sünde ist, (so nenne ich es jetzt einfach mal), Gott abzulehnen, damit lehnen wir unseren Schöpfer ab, das Leben selbst, die Lebensquelle, alles Gute was er uns geben möchte und den Plan den er für unser Leben hat. Wir können nicht nach unserem Tod einfach mal so in den Himmel marschieren und sagen: Tag, Gott hier bin ich, nimm mich mal auf, ich bin ohne Fehler und habe alles richtig gemacht im Leben, ich kenne dich zwar nicht wirklich, weil ich habe ja kaum mit dir geredet, wenn überhaupt, aber ist ja egal, dann reden wir eben jetzt miteinander. Halloooo!!!! Das Leben auf dieser Erde ist dafür da, um Gott kennenzulernen, um zu erkennen, dass man ihn braucht, sich von ihm lieben zu lassen und zu erkennen, dass man Vergebung für seine Schuld braucht, bevor es dann mal in den Himmel geht. Es braucht diese Vorbereitung um es in Zukunft in seiner heiligen Gegenwart auszuhalten zu können und damit wir

uns auch wirklich wohl bei ihm fühlen.
Ein Mensch, der Gott sein Leben lang
ablehnt oder gar haßt, wird sich nach
seinem Tod in Gottes Gegenwart sicher
nicht gut fühlen. Wie schon
beschrieben, wurde die Sünde durch
eine Person geboren, als Folge davon
kam der geistliche Tod, Trennung von
Gott und der natürliche Tod. Bevor
Mose im alten Testament die zehn
Gebote für die Israeliten aufschrieb,
war ihnen nicht klar, dass sie
sündigten, sie kannten die Gesetze
nicht und Gott konnte ihnen keine
Schuld anrechnen. Gott ist schon immer
absolut gerecht mit Menschen
umgegangen, ich liebe das an ihm. Das
Ausmaß der Sünde wurde so aber immer
größer, was Gott nicht mehr dulden
konnte. Also hat er seinem Volk die
zehn Gebote und Regeln gegeben um die

Sünde einzudämmen und damit die
Menschen auch erkennen konnten, dass
sie sich sündig verhalten. Warum gab
Gott nicht allen Völkern auf einmel
die zehn Gebote? Bestimmt hätten die
Menschen außerhalb Gottes Volk nicht
darauf gehört und es war notwendig,
dass Gott sich ein Volk wie die
Israeliten beruft, um z. B. eine
Vorbildfunktion für den Rest der Welt
zu haben und damit die Menschen
erkennen, dass es sich lohnt mit Gott
zu leben. Mit der Vorbildfunktion hat
es ja dann so manches Mal nicht
geklappt! Außerdem befahl Gott Mose,
dem Volk auszurichten, dass
regelmäßige Tieropfer nötig waren, um
vor Gott Vergebung der Sünden zu
erhalten. Genauso wie heute, haben die
Menschen damals es natürlich auch
nicht geschafft, sich ständig aus

eigener Kraft richtig zu verhalten und immer die richtigen Gedanken oder Herzenseinstellungen zu haben. Durch das Tieropfer floss Blut und im Blut fließt Leben und ohne diese Lebenshingabe gab es damals keine Vergebung der Sünden. Durch diese Opfer wurde dem Menschen damals auch die Heiligkeit und Gerechtigkeit Gottes immer wieder deutlich gemacht und dass Sünde und Auflehnung Gott gegenüber eben negative Folgen hat. Gott macht keine Fehler und sicher ist es wichtig dem Menschen Fehlverhalten aufzuzeigen, allerdings stelle ich mir vor, dass das manchmal sehr anstrengend gewesen sein muss, auf all die Gebote und Regeln zu achten. Mit Sicherheit gab es damals auch schon Menschen, die einfach keine Lust mehr hatten sich an Gebote zu halten oder die es aufgegeben hatten, weil es ihnen zu anstrengend war. Wenn man das alte Testament durchließt, kann man erkennen, dass es nicht allzuviele Menschen gab, die selbst mit Gott redeten, die ihm zuhörten, ihm vertrauten, ja ihn liebten. Nachdem Gott viele Jahrhunderte gewartet hatte, gab es auf der Erde immer noch keinen wirklichen Frieden. Die Menschen lebten immer noch gottlos, vielleicht war das Verhalten Israels für den Rest der Welt sogar abschreckend. Viele Israeliten waren heuchlerisch in ihrem Herzen, sie brachten ihre Opfer vor Gott um Vergebung für ihr Sünden zu empfangen, wollten ihr Verhalten aber nicht ändern. (Sicher gab es auch Außnahmen). Gott war zornig, traurig, mega frustriert. Weil er die Menschen aber liebt und sie nicht aufgibt, begann er vor ca. 2000 Jahren seinen nächsten Plan in die Tat umzusetzen nämlich einen Retter/Erlöser zu schicken. Gott unser Schöpfer, der auch zugleich unser Vater sein möchte, beschloss sich ganz klein zu machen und in Form eines Menschen selbst auf diese Erde zu kommen. Er kam auf unsere Ebene, um den Menschen zu zeigen wie er ist, wie er uns liebt und um uns Vergebung anzubieten ohne, dass man erst alle möglichen Opfer dafür bringen muss, wie im alten Testament. Gott kam in Jesus Christus, und war selbst das Opfer, das am Kreuz für unsere Schuld starb. Er hat alle Schuld und Verfehlung auf sich genommen. Jesus hat die gesamte gefallene Schöpfung mit Gott unserem Schöpfer versöhnt. Seit dem

Sündenfall, haben sich auch die Tierwelt und das Klima verändert. Laut Bibel wird es aber eines Tages eine komplette Wiederherstellung von Gott geben. Jesus kam, um uns vom Vater im Himmel zu erzählen. In Jesaja dem gesamten Kapitel 53 wird von Jesus gesprochen. Im Vers 4-6 steht: Er nahm unsere Krankheiten auf sich und trug unsere Schmerzen. Und wir dachten er wäre von Gott geächtet, geschlagen und erniedrigt. Doch wegen unserer Vergehen wurde er durchbohrt, wegen unserer Übertretungen zerschlagen. Er wurde gestraft, damit wir Frieden haben, durch seine Wunden wurden wir geheilt. Wir alle gingen in die Irre wie Schafe, jeder ging seinen eigenen Weg. Doch ihn ließ der Herr/Gott die Schuld von allen treffen. Römer 3,25: Denn Gott sandte Jesus, damit er die

Strafe für unsere Sünden auf sich
nimmt und unsere Schuld gesühnt wird.
Wir sind gerecht vor Gott, wenn wir
glauben, dass Jesus sein Blut für uns
vergossen hat und glauben, dass er
sein Leben für uns geopfert hat.
Überhaupt ist der ganze Römerbrief
klasse, lohnt sich ihn ganz
durchzulesen!! Wir haben einen
dreieinigen Gott: Den Vater unser
Schöpfer, den Sohn also Gott der
Mensch wurde und den Heiligen Geist
der die Weisheit und Kraft Gottes ist
und in uns wiedergeborenen Christen
lebt. Aber noch mal zurück zu Jesus.
Im Matthäus Kapitel 1 ganz zu Anfang
wird der Stammbaum des Joseph
aufgezählt. Er ist der Ehemann von
Maria. Maria die leibliche Mutter von
Jesus Christus. Joseph ist nicht der
leibliche Vater von Jesus Christus.

Maria wurde als Jungfrau auf wundersame Weise durch den Heiligen Geist schwanger. Jesus war also Menschenkind und Gottessohn zugleich. Als Joseph bemerkte, dass Maria schwanger war und er wusste, dass Maria nicht von ihm schwanger sein konnte, da sie keinen Verkehr miteinander hatten, wollte er sie heimlich verlassen, um sie vor schlechtem Gerede zu bewahren. Ein Engel erschien Joseph im Traum und sagte: Scheue dich nicht Maria zur Frau zu nehmen, das Kind, das sie erwartet ist vom Heiligen Geist. Sie wird einen Sohn zur Welt bringen und du sollst ihn Jesus nennen, denn er wird sein Volk (und letztendlich alle Menschen/Heiden) von seinen Sünden retten. Joseph nahm Maria zur Frau und hatte bis zur Geburt keinen Verkehr mit ihr. Laut einer Umfrage, die man durch einen Fernsehsender gestartet hatte, wissen viele Menschen in Deutschland überhaupt nicht mehr wer Jesus Christus ist und was es mit der Weihnachtsgeschichte oder der Ostergeschichte auf sich hat. Ich finde es total wichtig zu verstehen, dass Jesus durch den Heiligen Geist in Maria übernatürlich gezeugt wurde. Nicht durch zwei Menschen, die selbst sündiges Erbgut in sich tragen und an ihre Kinder automatisch weitervererben. In Psalm 51,7 sagt David: In Schuld bin ich geboren und in Sünde hat meine Mutter mich empfangen. Das bedeutet, dass jeder Mensch, der nach Adam und Eva geboren wurde, mit einem sündigen Erbgut (ich nenne es bösen Samen) in seinem Geist zur Welt kam. Satan hat die

Möglichkeit durch dieses negative Erbgut in unserem Geist, Zugang zu unserer Seele zu bekommen, somit zu unserem gesamten Leben. Er versucht sich in unsere Gedankenwelt, Gefühle und Handlungen einzuschleichen. Sein Ziel ist es ja Menschen von Gott und allem Guten was Gott sich für uns ausgedacht hat fernzuhalten. Vor dem Sündenfall war der Geist des Menschen rein und die Kommunikation und die Beziehung zwischen Mensch und Gott waren ungestört. Gott möchte die Intimität zwischen Mensch und ihm wiederherstellen. Ich denke man kann sagen, solange wir auf dieser Erde leben, gibt es keine hundertprozentige Wiederherstellung, sonst wären wir alle perfekt und wir hätten den Himmel auf Erden, aber Gott hat in Jesus Christus alles dafür getan, dass wir wieder in diese Intimität mit ihm hineinkommen können, durch die Bibel, (man sollte sie lesen), macht er uns den Himmel schmackhaft. Wie ich schon erwähnte, können wir nach unserem Tod nicht einfach so in den Himmel hineinspatzieren. Jesus Christus ist die einzige Person, die in diese Welt hineingeboren wurde und dieses negative Erbgut nicht in sich trägt, da er vom Heiligen Geist gezeugt wurde. Wie Gott das jetzt genau gemacht hat wird in der Bibel nicht beschrieben, aber das ist ja auch nicht wirklich wichtig für uns. Gott ist Gott, er kann alles! Wichtig ist, dass der Geist in Jesus rein ist, so wie Gott der Vater/Schöpfer auch rein ist. Als Baby wurde Jesus beschnitten und die Eltern hatten ihn Gott geweiht. Sie waren dem Wort

Gottes treu und hielten sich an die Gesetze. Dementsprechend erzogen sie ihren Sohn auch. In Lukas Kap.2 steht: Das Kind aber wuchs heran und wurde kräftig. Es wurde erfüllt mit Weisheit und die Gnade Gottes war auf ihm. Während der Passahfeier saß Jesus im Tempel und unterhielt sich mit den Lehrern. Alle die ihm zuhörten waren erstaunt über sein Verständnis und seine Antworten. Die Eltern suchten Jesus und fanden ihn im Tempel. Maria sagte zu Jesus: Kind wir haben dich gesucht, warum bist du noch hier? Wir wollen nach Hause. Jesus erwiederte: Warum sucht ihr mich? Wißt ihr nicht, dass ich im Hause meines Vaters sein muss? Jesus muss schon in sehr jungen Jahren klar gewesen sein, dass er und Gott sein Vater untrennbar waren. Der Vater muss Jesus im Laufe seines

Lebens auf seine große Aufgabe, für die Menschen zu sterben, vorbereitet haben. Jesus lebte für Gott und für die Menschen, die Gott liebt. Er sündigte nicht! Er nahm zu an Alter, Weisheit, Liebe zu Gott und den Menschen. Nicht zu sündigen, das ist für mich als fehlbarer Mensch fast unvorstellbar. Man muss nicht erst töten um zu sündigen, es reicht auch schon schlecht über eine andere Person zu reden. Jesus war an Geist, Seele und Leib fest mit Gott verbunden. Er lies keine Sünde in seinem Leben zu, obwohl er natürlich auch mit Versuchungen konfrontiert wurde. Er war ganz Mensch und hatte menschliche Gefühle, Bedürfnisse, vielleicht auch Wünsche. Aber Jesus ordnete sich ganz den Plänen Gottes unter und widerstand jeder Versuchung, die von Satan kam, sich von Gott und seinen Plänen abzuwenden. Das Leben von Jesus soll uns aufzeigen, wie uns der Vater liebt, seine gesamte Schöpfung liebt. In der Bibel steht wie Jesus mit Menschen umging. Er haßte die Sünde, aber er liebte die Menschen. Jeden ohne Ausnahme!! Ob Prostituierte, religiöse Lehrer, Zöllner, Reiche, Arme, Gesunde, Kranke, alte Menschen oder Kinder. Manche Menschen sprach er scharf auf ihr sündiges Verhalten an, aber das war notwendig. Auch Jesus war und ist kein Weichei-Gott. Er ging gut mit Menschen um, auch mit Tieren. Er heilte körperliche Krankheiten, tat Wunder und demonstrierte Gottes Macht und Kraft. Er predigte Gottes Wort, überall wo er war, kümmerte sich um die Herzen der Menschen, führte seelsorgerliche Gespräche. Er lachte

und weinte mit den Menschen. Er
tröstete und ermutigte. Er ermahnte
die Menschen und warnte sie vor
Fehlverhalten. Er trieb Dämonen aus,
so dass Menschen wieder frei leben
konnten. Und Jesus trauerte. Um die
Menschen, die ihn und somit auch Gott
seinen Vater ablehnten. Trotz der
vielen Wunder, die Jesus tat, glaubten
immer noch viele Menschen nicht an
ihn, als den Sohn Gottes. In Joh.
12,14 steht: Wenn ihr mir glaubt,
glaubt ihr nicht nur an mich, sondern
an Gott, der mich gesandt hat. Wenn
ihr mich seht, seht ihr den, der mich
gesandt hat. Ich bin als Licht
gekommen, um in dieser dunklen Welt zu
leuchten, damit alle, die an mich
glauben, nicht im Dunkel bleiben. Kurz
vor seinem Tod erklärt Jesus den
Jüngern noch einmal, dass er bald

sterben würde (Joh. Kap. 14-17), aber wieder zum Leben auferstehen würde. In Joh. Kap. 14,15-17 sagt Jesus: Wenn ihr mich liebt, werdet ihr meine Gebote halten. Ich werde den Vater bitten und er wird euch einen anderen Ratgeber geben, der euch nie verlassen wird. Es ist der Heilige Geist, der in alle Wahrheit führt. Die Welt (und damit meint Jesus die ungläubigen Menschen) kann ihn nicht empfangen, denn sie sucht ihn nicht und erkennt ihn nicht. Ihr aber kennt ihn, (den Heiligen Geist) weil er bei euch bleibt und später in euch sein wird (durch die Ausgießung des Heiligen Geistes in die Menschen hinein, an Pfingsten, Wochen später nach der Auferstehung von Jesus). Jesus tröstete also seine Jünger, dass sie keine Angst haben sollten, vor all dem was passieren würde, sie sollten ihm vertrauen und sich nicht fürchten. Ich möchte auch noch zu Papier bringen was in Joh. Kap. 17,1-5 steht, weil ich es so wichtig finde. Jesus sagte: Vater, die Zeit ist gekommen. Verherrliche deinen Sohn, damit er dich verherrlichen kann. Denn du hast ihm Macht über alle Menschen auf der ganzen Welt gegeben. Er schenkt allen, die du ihm gegeben hast, das ewige Leben (im Himmel, es gibt auch ein ewiges Leben getrennt von Gott). Und das ist der Weg zum ewigen Leben: Dich zu erkennen, den einzig wahren Gott und Jesus Christus, den du in die Welt gesandt hast. Ich habe dich hier auf dieser Erde verherrlicht, indem ich alles tat, was du mir aufgetragen hast. Jesus starb also für unsere Erbschuld, unser menschliches

Versagen, das oft aus einem tiefen Mangel in unserem Herzen heraus passiert. Durch das getrennt sein von unserem Schöpfer ist viel Mangel in unser Leben gekommen. Mangel an Liebe und Wertschätzung, Mangel an Gesundheit, Mangel an Freude und innerem Frieden, Mangel an Finanzen, es gibt Götzendienst in verschiedensten Formen, Abhängigkeiten, Depressionen usw. Der Mensch hat Gott die Lebensquelle verlassen. Gott hatte Mangel für uns nicht vorgesehen. Sondern eine Fülle für Geist, Seele und Leib. Fülle bedeutet: eine große Menge, Vielfalt, Intensität, volles Maß, Üppigkeit. Aber Jesus blieb nicht im Grab. Am dritten Tag nach seinem Tod, war er widerauferstanden. Das Grab war leer. Er war und ist lebendig! Jesus erschien nach der Auferstehung verschiedenen Menschen, natürlich auch seinen Jüngern. Sie hatten Angst und dachten sie sähen einen Geist. Er sprach ihnen Frieden zu. Nachdem einige Jünger noch immer zweifelten, dass es Jesus wirklich leibhaftig war, der zu ihnen sprach, zeigte er ihnen seine Fuß- und Handmale und bat um ein Stück gebratenen Fisch, den er vor ihren Augen aß. So schnell hatten sie vergessen, dass Jesus ihnen voraus gesagt hatte, dass er am dritten Tag wiederauferstehen würde. Jesus sprach ihnen Mut zu. In Lukas 24,46-49 sagt Jesus: Es wurde vor langer Zeit (altes Testament) aufgeschrieben, dass der Christus sterben und am dritten Tag auferstehen muss. Geht in seinem Namen zu allen Völkern, angefangen in Jerusalem, ruft sie zur Umkehr auf, damit sie Vergebung der Sünden erhalten. Für all dies seid ihr meine Zeugen. Und nun werde ich euch den Heiligen Geist senden, wie mein Vater es versprochen hat. Ihr aber bleibt hier in der Stadt, bis der Heilige Geist kommen und euch mit Kraft aus dem Himmel erfüllen wird. In Matth. 28,19-20 sagt Jesus: Darum geht zu allen Völkern und macht sie zu Jüngern. Tauft sie im Namen des Vaters, des Sohnes und des Heiligen Geistes und lehrt sie alle Gebote zu halten, die ich euch gegeben habe. Und in Markus 16,15 und 17-18 sagt Jesus: Geht in die Welt, verkündet allen Menschen die gute Botschaft, wer glaubt und getauft wird, wird gerettet werden. Und diese Zeichen werden die begleiten, die glauben: Sie werden in meinem Namen Dämonen austreiben,

Kranken die Hände auflegen und sie heilen. Nachdem Jesus also seine Jünger beauftragt hatte, wurde er in den Himmel hinaufgehoben und setzte sich auf den Ehrenplatz an die rechte Seite Gottes. Nicht lange danach war Pfingsten und der Heilige Geist kam und erfüllte die Jünger mit Kraft, die sich in einem Haus zusammen versammelt hatten. Mit der Erfüllung des Heiligen Geistes konnten sie die Zeichen und Wunder tun von denen Jesus gesprochen hatte. Das haben sie dann auch reichlich getan!! Ich wiederhole also (sorry, muss sein): Jesus starb um uns mit Gott dem Vater zu versöhnen. Jesus stand von den Toten wieder auf, somit ist er lebendig. Wenn wir das Erlösungsgeschenk von Jesus glaubensvoll annehmen, bekommen wir vom Vater im Himmel den Heiligen

Geist, der dann in uns lebt und durch uns wirken kann. Das ist super!! Im alten Testament wurden zeitweise gläubige Menschen durch den Heiligen Geist geleitet oder angeleitet, aber der Heilige Geist lebte noch nicht im gläubigen Menschen. Der Vater, der Sohn und der Heilige Geist sind eins. Drei Personen und trotzdem eins, sie sind sich immer in allem einig. Auf der Erde als Mensch konnte Jesus nicht überall gleichzeitig sein, aber durch den Heiligen Geist kann Jesus überall an den Menschen und im Menschen gleichzeitig wirken. Ist doch spitze! Gott ist allgegenwärtig! Warum Jesus nicht schon zur alttestamentlichen Zeit gestorben ist, weiß ich auch nicht, hätte er ja schon früher machen können - könnte man meinen. Vielleicht erfahren wir es einmal im Himmel. Es ist von großem Vorteil, wenn der Geist Gottes in uns lebt. Wir können so in ständigem Kontakt zu Gott bleiben. Jetzt auf dieser Erde und auch nach unserem Tod. Jeder der das Versöhnungsgeschenk von Jesus annimmt, wird nicht für seine Sünden verurteilt, sondern lebt auch nach dem Tod in Ewigkeit bei und mit Gott zusammen im Himmel, in Gottes Herrlichkeit (Joh. 5,24). Jesus sagt: Ich bin die Auferstehung und das Leben, wer an mich glaubt, wird leben, auch wenn er gestorben ist (Joh. 11,25). Kein einziger Mensch hat sich das verdient, das ist reine Gnade von Gott, reine Barmherzigkeit, aber auch reine Gerechtigkeit. Es gibt den Ort, wo man in Ewigkeit mit Gott leben kann und es gibt einen Ort, wo man in Ewigkeit von Gott getrennt lebt.

Diesen Ort nennt selbst Jesus Hölle.
In Matth. 10,28 sagt Jesus: Fürchtet
alleine Gott, der Leib und Seele in
der Hölle vernichten kann. Es gibt
viele Menschen, die nicht an eine
Hölle, an Satan oder Dämonen glauben,
selbst manche Christen streiten ab,
dass es den Teufel gibt und somit auch
keine Trennung von Gott nach dem Tod.
Das zu glauben ist verhängnisvoll,
folgenschwer. Dann wäre Gott auch
ungerecht, wenn eh jeder in den Himmel
kommt, wozu der Tod von Jesus? Wozu
sollte Gott sich selbst so viel Leid
zufügen, wenn doch eh jeder tun und
lassen kann was er will? Satan weiß
genau, dass der Mensch bei Gott einen
unschätzbaren Wert hat, er haßt
Menschen. Er und seine Sippschaft
werden alles dafür tun, um Menschen
von einer Beziehng zu Jesus Christus

abzuhalten und um das Evangelium zu verwässern. Satan ist ein Geistwesen, er kann sich in unsere Gedankenwelt genauso einmischen wie Gott. Über dieses Thema könnte man ein dickes Buch schreiben, aber darum geht es mir ja jetzt nicht in erster Linie, deswegen fasse ich mich kurz. Ein gläubiger Mensch, der den Heiligen Geist in sich hat, ist in der Lage Gottes Stimme zu hören. Es ist ein Lernprozess, die eigenen Gedanken und Wünsche von dem was Gott zu einem sagt, zu unterscheiden. Auch der Teufel spielt mit unseren Gedanken. Wenn man z.B. als verheiratete Person ein unmoralischen Angebot von einer anderen Person bekommt, wie reagiert man dann? Der Teufel würde einem einflüstern: Einmal ist keinmal. Oder: Es muss ja niemand wissen, dass ich eine Affäre habe. Oder: Es ist ja nur eine körperliche, einmalige Geschichte, keine große Sache! Was sagt Gott, was sagt die Bibel: Du sollst nicht die Ehe brechen, auch nicht dann wenn es schwierig ist. Bring deine Ehe in Ordnung, falls sie es nicht ist, wie auch immer das dann aussehen mag. Mir ist klar, dass eine Scheidung leider manchmal nicht umgangen werden kann, aber eine Affäre ist keine Lösung. Das bringt nur Leid und hinterläßt Verletzungen. Während ich dieses Manuskript schreibe, kommen mir z. B. immer wieder solche Gedanken wie: Lass das doch, das will doch eh keiner lesen, dich kennt eh niemand, du bist kein Pastor und Autor wie Max Lucado, du hast nicht den Schreibstil von Joyce Meyer, es interessiert sich niemand für dieses Thema usw.. Ist das

Gott, der mir das sagt? Nein, das denke ich nicht, denn Gott freut sich, wenn man sein Evangelium verbreitet, ob schriftlich oder mündlich. Ich bin eben nicht so eine gute Rednerin, also schreibe ich. In Ps. 37,5 steht je nach Übersetzung: Wälze/Befiehl dem Herrn deinen Weg/deine Pläne und er wird es wohl machen/so wird er handeln. Ich lasse mich also nicht davon abhalten dieses Manuskript zu Ende zu bringen. Gott wird dafür sorgen, dass ich einen Verlag finde, der es gut findet. Wenn Gott nicht gut fände, was ich tue, hätte er mir es bestimmt schon irgendwie gezeigt! Man muss also auf Gott hören, bzw. in der Bibel lesen um herauszufinden wie Gott denkt und was er sagt. Ansonsten kann man zwar wiedergeborener Christ und getauft sein, aber man wird trotzdem im Leben von falschen Gedanken und falschem Verhalten fehlgeleitet. Es nützt uns Menschen nichts, wenn die Bibel nur im Wohnzimmerregal steht und verstaubt. Gott liebt uns so sehr, dass er uns nicht nur Versöhnung angeboten hat, sondern er möchte uns auch verändern, wo wir veränderungsbedürftig sind. Und das kann er durch seinen Heiligen Geist der in uns lebt. Wenn wir es zulassen, wir können uns auch dagegen sperren. Gott läßt auch einem Christen die Wahl etwas zu wollen oder nicht zu wollen. Jeder Mensch ist veränderungsbedürftig, keiner ist vollkommen so wie Gott. Gott möchte uns seinem Sohn Jesus gleichgestalten oder zumindest ähnlich machen. Perfekt werden wir sicher nie sein. Jeder hat Persönlichkeitsstärken und -schwächen.

Jeder hat Charakterschwächen, manche Menschen sogar sehr ausgeprägt. Und jeder Mensch hat mehr oder weniger seinen eigenen Kopf und will eben manchmal machen was er will oder für richtig hält. Es gibt Menschen mit starken Persönlichkeitsstörungen, körperlichen Krankheiten und psychosomatischen Krankheiten. Jesus hat so viele Menschen geheilt, als er auf dieser Erde lebte, weil Gott der Vater es ihm aufgetragen hat. Es entspricht einfach der Natur Gottes zu heilen und wiederherzustellen. Es entsprach nicht seinem Urplan, dass wir krank sind, egal in welcher Form. Schon im alten Testament hat der gläubige König David im Ps. 103,3 gesagt: Gott vergibt mir alle meine Sünden und heilt alle meine Krankheiten. Und im Ps. 147,3 heißt es: Gott heilt zerbrochene Herzen und verbindet Wunden. Wenn der Heilige Geist in uns lebt, der ein gesunder Geist ist, da Gott ja ein gesunder und vollkommener Gott ist, dann möchte Gott uns auch gesund sehen. Er will uns gesund machen an Geist, Seele und Leib. Manchmal heilt Gott durch ein Gebet. Manchmal dauert es länger und man muss im Gebet dranbleiben. Manchmal sterben Menschen obwohl für sie gebetet wurde, das verstehe ich oft nicht, aber ich kann es nur so stehen lassen, es mag Gründe dafür geben, warum Gott anders handelt als wir denken oder wollen. Jesus starb am Kreuz um uns wahres Leben zu geben. Leben ist das Gegenteil von Tod und Krankheit. Jeder muss eines Tages eines natürlichen Todes sterben, aber diejenigen, die in die Gegenwart

Gottes kommen (in den Himmel), haben das wahre Leben bekommen. Da wo Gott ist, gibt es nur Freude, Liebe in Hülle und Fülle, Frieden, kein Scheinfriede, echtes miteinander, Gott ist so kreativ, da wo er ist, ist es nicht langweilig, es wird sicher nicht langweilig im Himmel. Gott ist pure Schönheit, wenn wir uns auf dieser gefallenen Erde schon über ein schönes Gebirge oder schöne Blumen freuen können, wieviel mehr werden wir uns über ihn und das was es im Himmel gibt freuen. Ich bin überzeugt, dass ich aus dem staunen nicht mehr rauskomme und ich glaube, dass es möglich ist sich in Ewigkeit nicht an dem was Gott für uns vorbereitet hat, sattzusehen. Wie traurig wenn Menschen denken, der Himmel sei langweilig und die Hölle ersterebenswert!! Wie traurig, wenn

Menschen denken Gott sei langweilig und der Teufel interessant. Gott ist ein Gott voller Leidenschaft. Es gibt keine leidenschaftlichere, hingebungsvollere, gerechtere und kämperischere Person als ihn. Wie kann so jemand langweilig sein? Wer sich die Evangelien durchließt, kann erkennen, dass Jesus leidenschaftlich gelebt hat. Er lebte um unser Vorbild zu sein, er zeigte uns wie der Vater im Himmel ist, wie er denkt, wie er fühlt. Jesus kam um uns zu zeigen, wie wir leben können, dass es uns gut geht. Jesus kam, um uns Menschen zu ermutigen, keine Angst vor dem Tod oder vor dem was danach kommt zu haben. So viele Menschen haben Angst vor dem Tod. Selbst Christen. Sie klammern sich kramphaft an dieses Leben. Und wenn man keine Beziehung zu

Gott hat und nicht weiss ob man überhaupt noch existiert nach dem Tod oder was dann kommt, kann das sehr beängstigend sein. Dass Eltern nicht sterben wollen, wenn sie kleine Kinder zu versorgen haben ist mir klar. Meine beiden Kinder sind schon relativ groß, aber ich möchte auch nicht sterben, solange sie nicht in der Lage sind für sich selbst zu sorgen. Ich beschäftige mich im Moment sehr mit der Frage: Vertraue ich Gott wirklich genug, dass er sich um meine Kinder gut kümmert, wenn ich mal gestorben bin? (Loslassprozess) Grundsätzlich habe ich aber keine Angst vor dem Tod und schon gar nicht vor dem was danach kommt, im Gegenteil, ich freu mich darauf. Ich weiß Gott hat einen Plan für mein Leben hier und ich versuche zu tun, was er mir aufträgt. Und

manches Mal stinkts mir hier auf
dieser Erde ganz gewaltig. Dann bin
ich traurig, gefrustet oder ich fühle
mich überfordert, ungerecht behandelt
und oft habe ich Angst. Ich bin
manchmal ein echter Angsthase! Oder
ein typisches Sorgenweibchen. Aber ich
werde mutiger, mit Gottes Hilfe werde
ich immer mutiger, obwohl ich noch oft
genug Angst vor allem Möglichen habe.
Und manchmal jammere ich Gott die
Ohren voll und sage: Daddy ich will zu
dir nach Hause, hab keine Lust mehr
hier, es ist alles so anstrengend, ich
sehne mich nach Ruhe und Frieden. Und
dann sagt Gott zu mir: Tochter,
vertraue mir, ich helfe dir, ich gebe
dir alles was du brauchst, fürchte
dich nicht! Ich liebe dich, ich bin
für dich und nicht gegen dich. Ich
möchte, dass du noch verschiedene

Dinge für mich tust. Es gibt noch Menschen, denen ich durch dich begegnen möchte, usw. Wenn Gott zu mir spricht, tröstet mich das sehr oder wenn ich in der Bibel nach Rat und Weisheit suche und Gott mir durch das lesen weiterhilft, ermutigt mich das in schwierigen Zeiten oder Umständen nicht aufzugeben. In Hebr. 13,6 steht: Der Herr ist mein Helfer, ich will mich nicht fürchten! Gott hat uns nicht versprochen, keine Nöte mehr in unserem Leben zuzulassen, aber er verspricht uns, uns zu helfen und uns durchzutragen und uns seinen Frieden zu schenken. Echten Frieden, den er in uns hineinlegt durch seinen Heiligen Geist. Wenn man Gott liebt und von ihm begeistert ist, kann man es manchmal nur schwer ertragen, wenn andere Menschen nicht so fühlen, weil sie

Gott vielleicht noch nicht kennen oder ihn verleugnen. Und es kann sehr frustrierend und verletzend sein, wenn man dafür verachtet wird, dass man an Gott bzw. an Jesus Christus glaubt. Vor ca. zwanzig Jahren oder auch schon vorher, als ich die Liebe Gottes zu den Menschen und auch zu mir, noch nicht so gut verstanden hatte, wie heute (und ich behaupte nicht, dass ich seine Liebe komplett begriffen habe), verschloss ich mein Herz Menschen gegenüber sehr schnell, die nicht gläubig waren oder die mich wegen meines Glaubens auf die Schippe genommen hatten. Mit manchen Menschen, die einfach anders als ich waren, wollte ich nicht viel zu tun habe. Und viele Jahre hielt ich mich doch tatsächlich für einen besseren Menschen, im Vergleich zu anderen

Menschen oder Christen. Meine
Herzenshaltung war manchmal gar nicht
in Ordnung. Und mal ganz davon
abgesehen hatte ich selbst in meinem
Leben schon so einiges getan, was gar
nicht gut war. Ich war nicht so
perfekt, wie ich tat. So kann sich ein
Mensch, ein Christ benehmen, wenn er
noch nicht erkannt hat, dass er bei
Gott angenommen und geliebt ist, mit
all seinen Fehlern. Ich hatte Angst
vor Gott, nicht perfekt genug zu sein
und vor Menschen wollte ich auch gut
dastehen, wollte nicht von ihnen
abgelehnt werden. Trotz meinen Ängsten
war meine Sehnsucht nach Gott und
seiner Liebe schon immer sehr groß.
Schon als Kind wollte ich Gott
gefallen und ihn in meinem Leben
erleben. Wie ich schon andeutete,
hatte ich so viele Mauern um mein Herz

gebaut (aus verschiedenen Gründen z. B Ablehnugswunden), deswegen dauerte es viele Jahre, bis Gott mir seine Liebe zeigen konnte, bis ich sie in meinem Herzen spüren konnte und der Prozess ist noch nicht beendet. Sanft trägt er Mauer um Mauer ab. Meine Herzenshaltung Menschen gegenüber hat sich zum positiven verändert. Je mehr Gott mir zeigt, wie sehr er mich liebt, desto mehr bin ich in der Lage andere anzunehmen oder sogar zu lieben, Gott verändert mich!! Er liebt es uns zum positiven zu verändern, manchmal ist das aber auch ein schmerzhafter Prozess und er hat mir gezeigt, dass ich genausowenig perfekt bin, wie andere Menschen, egal ob Christ oder nicht. Ich brauche Tag für Tag, Gnade, Hilfe und Vergebung von Gott. Das läßt mich Menschen in einem anderen Licht sehen. Er ist unser Schöpfer, er hat uns zuerst geliebt. Wenn er bereit ist jedem Menschen Versöhnung und Vergebung anzubieten, dann sollten vor allem wir Christen uns genauso verhalten. Wir sollten bereit sein, die Menschen in dieser Welt anzunehmen und zu lieben. Bereit sein, zu vergeben, wo es notwendig ist, bereit sein zur Versöhnung, wenn es möglich ist und wir sollten versuchen Frieden zu halten mit unseren Mitmenschen, so gut es uns möglich ist. Wenn andere Personen nicht darauf eingehen ist das ihre Sache. Sie müssen sich für ihr Verhalten selbst vor Gott verantworten. Dann können wir sie immer noch segen und Gott hinhalten und für sie beten. Gott möchte auch uns von unserem Groll und unserer

Bitterkeit befreien, er will unsere Verletzungen heilen, so dass es uns auch wieder gut geht. In Eph. 4,32 steht: Werdet aber zueinander gütig, mitleidig und vergebt einander, so wie auch Gott in Christus euch vergeben hat. Das ist auch ein Prozess, aber ich bin überzeugt, er lohnt sich allemal. Gott wollte und will nach wie vor, dass das Evangelium, also sie frohe Botschaft, in der ganzen Welt gepredigt wird, er möchte, dass es jedem zugänglich gemacht wird. Die neutestamentliche Gemeinde besteht nicht mehr nur aus Juden, sondern aus verschiedensten Nationalitäten und Volksgruppen. Jesus hat uns von einem alten, gesetzlichen Leben freigemacht. Wo früher im alten Testament, die Menschen immer wieder aufs neue Opfergaben bringen mussten, weil ihr

Gewissen nicht auf Dauer von Sünde befreit wurde, da hat Jesus durch sein Sterben und Blutvergießen eine einmalige Versöhnung und eine grundsätzliche Vergebung für uns Menschen erreicht. Gott will keine Opfer mehr, er wünscht sich Liebe und daraus erwachsenden Gehorsam von uns. Wir müssen keine Opfer mehr bringen, wenn wir wieder gesündigt haben. Wir brauchen keine stellvertretenden Priester mehr, die für uns opfern. Was auch immer es sein mag, haben wir selbst die Möglichkeit mit Gott zu sprechen und können ihn um Vergebung bitten. Und durch den Heiligen Geist in uns können wir ihn um Veränderung unserer falschen Herzenshaltungen bitten. (Hebr. 4,14-16) Jesus ist der einmalige, stellvertretende Hohepriester, durch den wir jederzeit

Zugang zu Gott haben können, was auch immer wir getan haben. Zu guter Letzt möchte ich noch sagen, dass Gott sich ein sinnerfülltes Leben für uns wünscht. Er hat gute Pläne für uns. Viele Menschen sehen keinen wirklichen Sinn im Leben und sie versuchen einfach das Beste, auf unterschiedliche Art und Weise aus ihrem Leben zu machen. Das verstehe ich rein menschlich gesehen. Im Moment habe ich einen grippalen Infekt, aber normalerweise bin ich relativ gesund, so dass ich in der Lage bin zu arbeiten, den Haushalt zu führen, meine Familie zu versorgen und einiges mehr. Dafür bin ich dankbar. Unsere Finanzen sind manchmal knapp und ich würde mir sehr gerne ein Haus mit Garten wünschen, aber ich bin dankbar, dass ich ein Dach über dem Kopf habe und nicht hungern muss. Ab und an würde ich wahnsinnig gerne in andere Länder und ans Meer reisen, bis es vielleicht mal so weit ist, erfreue ich mich eben am Bodensee. Ich kann für vieles dankbar sein, aber das heißt nicht, dass ich zufrieden bin so wie mein Leben im Moment verläuft. Und diese Unzufriedenheit spüre ich schon eine ganze längere Zeit. Jahrelang habe ich als Christ versucht eine gute Ehefrau, eine gute Mutter, eine gute Tochter usw. zu sein (ich hab trotzdem nicht immer alles richtig gemacht). Ich besuchte unterschiedliche Hauskreise, die von der christlichen Freikirche aus angeboten wurden, in der ich jahrelang war. Ich besuchte Gebetsabende in unterschiedlichen Kirchen, nahm an Seminaren teil wie z. B. wie kann man sinnvoll evangelisieren usw. Ich laß unendlich viele christliche Bücher und hab mir ständig überlegt, was kann ich noch lernen, was kann ich für Gott noch tun um ihm zu gefallen? Ich trug ein falsches Bild von Gott in mir und dachte, Gott liebt mich nur dann wirklich, wenn ich genug für ihn tue und am besten keine Fehler mache. Diese Denkweise lag in meiner Kindheit verwurzelt, hervorgekommen durch Ablehnungswunden. Ich sage nicht, dass regelmäßige Gottesdienstbesuche unwichtig sind, dass das lesen von christl. Büchern oder dass man einen Dienst in der Kirche übernimmt schlecht ist, aber man kann an Gott glauben und etwas für ihn tun und eben doch keine Beziehung zu ihm haben. Die Gründe dafür können bei Menschen ganz unterschiedlich sein. Jedenfalls war in mir viele Jahre eine tiefe Leere, die kein Mensch auf Dauer, kein Hobby und keine Arbeit wirklich auffüllen konnte. Obwohl ich ein humorvoller Mensch bin, fehlte mir echte Lebensfreude. Kennen Sie das? Meine Gebetszeiten sahen manchmal so aus: Man ist zu Hause und denkt bei sich: So Gott jetzt habe ich eine halbe Stunde Zeit, jetzt könnte ich mal Gemeinschaft mit dir haben. Man setzt sich an einen Tisch, vor einem liegt aufgeschlagen die Bibel, links von einem das Losungsbuch, recht von einem evtl. ein christlicher Ratgeber (Gott könnte ja dadurch zu einem sprechen). Dann wären da noch die Tempotaschentücher, falls Gottes Geist einen von etwas überführt und man weinen muss und zu guter Letzt darf natürlich eine Tasse Kaffee nicht fehlen, zwecks der Gemütlichkeit und wegen Einschlafgefahr! Man beginnt also in der Bibel zu lesen. Nach einer viertel Stunde denkt man: Das muss reichen. Dann werden Gott noch eigene dringende Gebetsanliegen vorgetragen, man betet noch ein bisschen für andere Menschen und Ruck-Zuck ist die halbe Stunde vorbei. Bei mir war das oft so und wenn ich länger als eine halbe Stunde saß und mir dabei ziemlich geistlich vorkam, bin ich auch schon des Öfteren während dieser Zeit am Tisch fast eingeschlafen, da hat auch der Kaffee nix mehr genützt, weil ich es so ermüdend fand immer nur zu beten und in der Bibel zu lesen. Mein Herz sehnte sich nach Gottes Gegenwart, nach Liebe, nach Frieden und danach, dass Gott zu mir spricht, stattdessen kamen nur etliche Taschentücher zum

Einsatz, weil ich aus lauter Frust geweint habe. Nach Anbetung und Freude sieht das nicht gerade aus! Vor ca. 2-3 Jahren habe ich innerlich angefangen zu Gott zu schreien, ich hab gesagt, ich brauch eine Veränderung in meinem Leben oder eine Veränderung in der Beziehung zu ihm, ich will seine Liebe viel mehr spüren. Ich sagte zu ihm, dass ich mich innerlich wie tot fühle, wie ein Roboter, der funktioniert und dass ich dieses Leben in Fülle, das er uns versprochen hat erleben möchte, in mir haben möchte, so dass es aus mir rausfließt auch zu anderen hin. Aus Jesus ist es doch auch rausgeflossen, also will ich es auch für mich. Ich sagte, ich will dich von ganzem Herzen lieben, mehr als alles andere, nun daran arbeiten wir noch!! Gott nimmt so ein Gebet ernst. Er hat mich

verändert. Ich gehe seit einem Jahr
nur noch unregelmäßig in den
Gottesdienst, ich mache im Moment
keine Kirchenarbeit mehr, lese so gut
wie keine Bücher, schaue keinen
christlichen Sender, ich besuche keine
Seminar oder dergleichen und es ist
so, als wenn Gott zu mir gesagt hätte:
Lass das alles, du brauchst das im
Moment nicht, was du brauchst das bin
ICH, du brauchst mein LEBEN in dir. Du
brauchst Heilung für dein Herz und
Veränderung von falschen Gedanken die
du jahrelang geglaubt hast, aber nicht
der Wahrheit entsprechen. Ich bin kein
Gott, der dich knechtet, ich liebe
dich, selbst wenn du gar nichts für
mich tun kannst. Du brauchst dir meine
Liebe nicht zu verdienen! Ich ging in
meiner Liebe zu dir bis ans Kreuz. Ich
habe letzten Endes viele Jahre

gebraucht, bis ich für mich erkannt habe, dass wir uns Gottes Liebe nicht erst durch gute Werke und viel Arbeit zu verdienen brauchen. Wir Eltern lieben unsere Kinder auch, obwohl sie, wenn sie klein sind noch nichts für uns getan haben. Wir lieben sie, erziehen sie und haben unsere Freude an ihnen. So ist das bei Gott auch. Ich suchte in der Konkordanz nach dem Wort Liebe, dann habe ich mir sämtliche Bibelstellen, wo das Wort Liebe drin vorkommt oft durchgelesen, das tat mir gut und ist wichtig, dass wir lesen wie Gott ist und was er zu uns sagt! Wenn ich mich vor etwas fürchte und in der Bibel steht aber: Fürchte dich nicht, denn ich bin bei dir. Sieh dich nicht ängstlich um, denn ich bin dein Gott, ich helfe dir (Jesaja 40,10), dann kann es sein, dass ich mir diesen Vers zwanzigmal durchlesen muss, wenn ich vor etwas Angst habe, aber irgendwann fällt die Aussage in mein Herz und ich glaube es, dass er mir hilft, denn Gott ist kein Lügner. Das anhaltende lesen und glauben von Bibelstellen in letzter Zeit, hat meine Beziehung zu Gott verbessert, hat mein Vertrauen in ihn gestärkt, manchmal kann ich seine Liebe und vor allem seinen Frieden sehr stark spüren, das ist so wohltuend, vor allem, wenn man das Gefühl hat, im Leben geht alles drunter und drüber. In der Bibel lesen und Zeit alleine mit Gott verbringen um ihn anzubeten und um mit ihm zu reden, das ist das einzige geistliche, was ich die letzten zwei bis drei Jahre regelmäßig tat und das war gut so. Ich habe nicht mehr das Gefühl etwas für Gott tun zu müssen, wobei mir klar ist, dass Gott Pläne oder Aufgaben für mich bzw. für uns Christen hat und zum richtigen Zeitpunkt wird er uns zeigen was dran ist. Der beste Ausgangspunkt etwas für Gott und sein Reich zu tun ist, wenn man verstanden hat, dass einem wirklich vergeben wurde und sich echt geliebt fühlt, wenn man echte Dankbarkeit und Freude über das was Jesus getan hat empfinden kann. Menschen sind nicht blöd, sie merken genau, ob sie es mit einem Christen zu tun haben, der vom heiligen Geist erfüllt und voller Freude ist oder ob sie es mit einem Christen zu tun haben, der einfach nur nach Regeln lebt, um sich einen Platz im Himmel zu verdienen und andere gar noch verurteilt. Solche Christen wirken im

Normalfall nicht sehr anziehend auf andere. Viele Christen sind in ihrer Gedankenwelt und in ihren Emotionen noch wie gefangen und sie unterscheiden sich in ihrem Verhalten kaum von den Nichtchristen. So ist das von Gott aber nicht gewollt, er will Freiheit für uns, an Geist, Seele und Leib. Wir sollen nicht auf Dauer in unseren Gebundenheiten und unseren Ängsten stecken bleiben. Da Menschen unterschiedliche Erfahrungen im Leben machen, unterschiedlich aufwachsen, geht Gott auch nicht mit jedem gleich um. Er nimmt echt Rücksicht auf uns und kann nicht jeden Menschen gleich schnell heilen und wiederherstellen. Heil werden kann man in einer Gemeinde/Kirche wo echte, selbst einigermaßen heile Christen (perfekt ist ja niemand) sind, wo dem heiligen

Geist Raum gegeben wird zu wirken. Man kann Seelsorge in Anspruch nehmen, für sich beten lassen, einen Hauskreis besuchen, in dem man liebevoll aufgenommen wird. Außerdem Bibel lesen, guten Lobpreis anhören, der einen anspricht, sich mit Gott austauschen und ihm zuhören, was er zu einem sagt und Gott einfach anbeten, ihn als Person, für das wie er ist anbeten. Das ist mir besonders wichtig, das Thema Anbetung. Ich höre immer wieder Christen, die sagen: Es fällt mir schwer Gott anzubeten oder mich auf ihn zu konzentrieren. Manche wissen nach fünf Minuten nicht mehr was sie zu Gott sagen sollen, ihnen fallen keine anbetenden oder dankenden Worte mehr ein. Dabei gibt es über Gott so viel Gutes zu sagen. Aber ich kenne das, mir ging es lange Zeit

genauso. Vor ein paar Jahren habe ich
Gott gefragt, wie ich aus diesem
trockenen Christenleben rauskomme und
mir fiel die Bibelstelle ein wo es
heißt (Eph. 5,19): Werdet voll
Geistes, das kann am besten dadurch
geschehen, dass ihr miteinander redet
in Psalmen, Lobgesängen und
geistgewirkten Liedern, dass ihr in
euren Herzen dem Herrn singt und
spielt. Wenn ein Mensch voll Geistes
wird, muss die Trockenheit weichen,
dann ist man wie ein Fisch im Wasser,
der mit den Kiemen das Wasser in sich
aufnimmt, somit auch den benötigten
Sauerstoff und dadurch lebt. Ich fing
an mir die Psalmen durchzulesen. König
David schrieb viele Psalmen, er war
ein Anbeter Gottes, ob es ihm gut oder
schlecht ging, er betete Gott an.
Manchmal habe ich den Eindruck, je

schlechter es David ging, desto mehr
hatte er Gott angebetet. Das
beeindruckt mich. Natürlich hat David
Gott auch die Ohren voll gejammert, so
wie wir das oft tun, aber er lernte
nicht ständig auf die negativen
Umstände zu schauen, sondern auf Gott,
der für uns alles sein möchte, was wir
brauchen und der uns jede Hilfe in der
Not geben kann und möchte. David
wusste das, er vertraute Gott,
deswegen hat er ihm auch oft schon im
vorraus für seine Hilfe gedankt,
obwohl sie noch gar nicht sichtbar
oder greifbar war. Wenn wir Gottes
Hilfe erfahren, haben wir unsererseits
auch wieder Grund Gott zu danken und
ihn anzubeten. Gott liebt es uns zu
helfen und er liebt es wenn wir ihm
danken und ihn anbeten. Ich freue mich
als Mutter auch darüber, wenn meine

Kinder sagen: Mama du bist die BESTE, ich hab dich lieb! Es ist nicht immer einfach auf Gott zu schauen, wenn es einem selbst nicht gut geht. Aber es lohnt sich, das zu lernen. Man kann lernen für die kleinsten Dinge dankbar zu sein und versuchen die Gedanken auf Gott zu konzentrieren (Ps. 50,23; Ps. 100,4-5). Gott verändert sich nicht in seiner Persönlichkeit, unabhängig von dem was in unserem Leben passiert, er ist es immer wert angebetet zu werden, für das was und wie er ist. Ich habe in letzter Zeit echt begriffen, wie wichtig es ist, dass ich meinen Blick auf Gott gerichtet halte, Zeit mit ihm verbringe und ihn anbete, besonders dann wenn es mir nicht gut geht und im Moment geht es mir aus verschiedenen Gründen emotional nicht besonders gut und ich versuche mich ganz nah an Gott zu halten indem ich auch mir selbst zuspreche, wer er ist und was er für mich tun kann. Etwas zu proklamieren, was der Wahrheit entspricht ehrt Gott auch. In der Bibel stehen viele Verheißungen von Gott für uns. Gott greift gerne in unser Leben ein, um uns und auch unsere Umstände zu verändern oder vielleicht sogar um andere Personen zu verändern, je nachdem, er weiß genau was zu welchem Zeitpunkt dran ist. Nicht immer greift er sofort ein und verändert etwas (davon kann ich im Moment auch ein Lied singen, Gott müssen die Ohren klingen von meinem dauerhaften rumgejammere. Ich weiss aber, dass er das aushält, GOTT SEI DANK), aber wenn wir uns darauf konzentrieren, wie er ist und das aussprechen, am besten laut, dann freut sich nicht nur unser

Herr, sondern es tut unserer Seele und unserem Geist gut. Gott läßt sich nicht lumpen, bemerkt er einen Anbeter auf dieser Erde, berüht das sein Herz sofort und er wird sich uns nähern (Hebr. 11,6). In Joh. 4,23 steht: Aber die Zeit kommt, ja sie ist schon da, in der die wahren Anbeter den Vater im Heiligen Geist und in der Wahrheit anbeten. Der Vater sucht Menschen, die ihn so anbeten. Wiedergeborenen Christen, die den Heiligen Geist empfangen haben, können den Vater und auch den Sohn Jesus Christus so anbeten und einfach die Wahrheit, wie Gott ist aussprechen. Wir verkündigen die Wahrheit, rufen sie aus. Wie gesagt, am besten laut damit es der Teufel auch mitbekommt, der haßt es nämlich wenn wir Gott anbeten, das hat den Vorteil, dass er sich dann gerne

aus dem Staub macht und uns erst
einmel in Ruhe läßt. Wenn ich Gott
anbete füllt er mich mit seiner
Gegenwart er befreit mich von meinen
Ängsten und Sorgen und Frieden erfüllt
mich. Manchmal habe ich auch das
Gefühl, dass er eine emotionale Wunde
in mir heilt. Es gibt Tage, da sage
ich x-Mal, danke Herr, du bist mein
Vater, der mich liebt und der mich
wunderbar gemacht hat, du bist mein
Friedefürst und kümmerst dich um mein
wundes Herz. Ich muss es manchmal so
oft wiederholen, da ich es beim ersten
Mal anscheinend noch nicht so richtig
glaube. Ja es dauert manchmal lange,
bis unser Herz Gott wirklich glaubt
und vertraut. Und ich möchte auch
lernen ihm wirklich dankbar zu sein,
und ihn anzubeten gerade wenn es mir
gut geht. Ist es nicht oft so, dass

wir Gott gerne etwas vergessen, wenn alles gut läuft? Ich bin dabei mir anzugewöhnen meinen Herrn jeden Tag zu suchen, mich von seinem Geist füllen zu lassen, mich von ihm lieben zu lassen, ihn anzubeten und versuchen ihm auch zuzuhören, was er mir zu sagen hat. Regelmäßig sage ich zu ihm: Verändere mich Herr, lass mich nicht so wie ich bin, ich will dir immer ähnlicher werden, ich will dich von ganzen Herzen lieben, nimm weg, was mich von dir trennt, ich will dir ganz nachfolgen, ich will kein lauwarmer ängstlicher, religiöser Christ sein, der hier auf dieser Erde nichts verändert. Christen sind dazu berufen, diese Welt zum positiven zu verändern, Chistus und somit den Vater hier zu repräsentieren. Es sollen doch möglichst viele Menschen die Liebe unseres Schöpfers, die Liebe unseres Vaters durch uns erkennen. Je tiefer meine Liebe zu Gott und wenn ich Gott sage, meine ich natürlich auch Jesus Christus, wird, desto mehr bin ich in der Lage andere Menschen zu lieben und sie einfach anzunehmen so wie sie sind. Das heißt nicht, dass man mit allem was andere tun oder sagen einverstanden ist, aber man kann andere zumindest wertschätzen und sie spüren lassen, dass sie von Gott geliebt und gewollt sind. Wir sollen genau das gleiche tun was Jesus tat. Ich weiss noch nicht so richtig, was Gott mit mir in Zukunft vor hat. Wenn ich dieses Manuskript beendet habe, habe ich wieder etwas mehr Zeit und ich möchte gerne in die Berufung hineinkommen, die er für mich hat. Ich hab keinen blassen Schimmer wo es lang geht, ich weiss nur, dass ich mein Leben nicht vor dem Fernseher und permanent vor Facebook oder Twitter verbringen möchte. Ich will eine sein, vor der sich der Feind fürchtet, weil er weiss, dass ich eine Anbeterin bin, die ihren Gott kennt und seine Autorität als Königstochter besitzt um diese Welt zu verändern!!!! Dafür muss ich auch noch ein bisschen mutiger werden und Furcht vor Menschen ablegen, aber das wird Gott in mir auch noch verändern, ich werde einfach weiter Zeit mit ihm verbringen auf ihn schauen und erkennen wer ich in ihm bin, dann werde ich automatisch mutiger werden. Als ich anfing mehr anzubeten, wollte ich nicht immer nur die Psalmen durchlesen, das wurde mir auf Dauer ehrlich gesagt zu langweilig. Ich wollte Gott mit eigenen Worten anbeten, mir fiel aber nach ein paar Minuten nix mehr ein und ich wollte mich nicht ständig widerholen, dabei wußte ich, dass es tatsächlich Menschen gibt, die ihn eine ganze Stunde anbeten. Da hatte ich die Idee mir alle Wörter aus der Konkordanz herauszuschreiben, die Gott repräsentieren und habe zu den Wörtern eben noch etwas dazugeschrieben. Mir hat das total Freude bereitet. Ich kann jetzt zum anbeten mein eigenes Geschreibsel als Vorlage nehmen und mir wird nicht langweilig. Manchmal habe ich nicht viel Zeit, dann kann ich nur zehn Minuten anbeten, manchmal habe ich wesentlich länger Zeit und im nu ist eine Stunde vergangen und ich bin mit meinem Aufschrieb gar nicht durch. Da braucht man sich ja auch nicht stressen zu lassen. Man kann auch fünfzehn Minuten nur darüber beten und staunen, dass Gott z. B. ein verzehrendes Feuer ist. Ich habe mir überlegt, ob andere Menschen sich vielleicht über eine Anbetungsanleitung freuen könnten und habe beschlossen ein kleines Manuskript daraus zu machen. Ich kann Menschen nur dazu ermutigen, sich tiefer auf Gott einzulassen und anbeten kann dabei helfen. Wo der Geist des Herrn ist, da ist Freiheit (2.Kor. 3,17), wer anbetet nähert sich Gott und Gott nähert sich uns und ich wünsche mir so sehr, dass Menschen in die Freiheit Gottes kommen und erkennen wie er wirklich ist!

Anbetungsanleitung:

Arzt: (Mt. 9,12)
Herr Jesus, Du bist mein Arzt, mein
Heil, mein Heiland, du berührst meine
Seele zutiefst, du bist der feste
Anker in meinem Leben. Du kennst meine
tiefsten Abgründe und liebst mich
trotzdem. Du bist gut. Du verbindest
meine Wunden und verströmst deinen
Wohlgeruch, so dass sich mein Geist
wieder erhebt. Ich vertraue Dir, dass
du mich an Geist, Seele und Leib
wiederherstellst und heilst. Ich will
Dich lieben, egal ob ich gesund oder
krank bin, denn Du bist es wert.
Beistand: (Joh. 14,16)
Heiliger Geist, Du bist mein Beistand,
ich bin so froh, dass es Dich gibt,
dass Du mir geschenkt wurdest. Ich
ehre Dich und ich bin Dir so dankbar,
dass Du es mit mir aushältst. Du

leitest mich an, Du führst mich durch dieses Leben, Du ermutigst mich, Du tröstest mich, Du ermahnst mich und Du lässt mich nie alleine. Du durchbrichst meine Mauern. Du bist sanftmütig, die Kraft, die Leben in mir zeugt.

Bräutigam: (Mt. 9,15)
Jesus, Du bist mein Bräutigam, ich und Deine Gemeinde sind Deine Braut. Ich liebe Dich von ganzem Herzen, ich liebe Dich so wie es mir gerade möglich ist. Keiner ist wie Du, immerzu will ich in Deiner Nähe sein, will Dich sehen, hören, fühlen. Du in mir und ich in Dir. Du hast alles was ich wirklich brauche. Du bist wunderschön, ich lasse Dich niemals mehr los. Ich bin der Topf und Du der passende Deckel darauf.

Brot: (Joh. 6,34)

Herr, Du bist das wahre Brot, das vom Himmel herabkam. Du alleine stillst meinen Hunger, sättigst meine Seele und meinen Geist in Ewigkeit.

Bruder: (Röm. 8,29)

Jesus, Du bist mein großer, starker Bruder, Du bist mein größtes Vorbild, Dir kann ich folgen und ich möchte so werden wie Du. Mit Dir an meiner Seite bin ich allem gewachsen.

Christus: (1.Tim. 2,5)

Du bist der von Gott Gesalbte, von Gott Gesandte, der Heilsbringer, der Auferstandene, Gottes Sohn und Menschensohn. Du bist mein Lösegeld, die Verheisung auf die Menschen lange gewartet haben. Du bist die Brücke zum Vater. Du bist die Wurzel und der Ursprung Davids, der glänzende Morgenstern. Du bist der Anfänger und Vollender meines Glaubens. Du bist der

Lobpreis in meinem Mund, das Lied auf meinen Lippen. Du bist mein Ziel, jetzt und in Ewigkeit. Alles was ich will bist Du. Du bist der Hauptgewinn in meinem Leben. Du hast über Hölle, Tod und Teufel gesiegt.

Erlöser: (Jes. 63,16) Erretter: (Röm. 11,26)

Vater im Himmel, Du bist mein Erlöser von alters her. Mein Befreier, aus der Enge hast du mich in die Weite gestellt. Du hast Deinen kostbaren Sohn für mich ans Kreuz nageln lassen, damit er sein Blut für mich vergießt, seinen Leib für mich hingibt. Gott es hat Dich alles gekostet. Du hast Dir Dein Herz für mich herausgerissen, damit ich heil werden kann, damit ich wieder eine Beziehung zu dir haben kann. Ich ehre Dich dafür bis in alle Ewigkeit, niemand kann tun, was Du für mich getan hast.

Fels: (Ps. 18,3)

Jesus, Du bist mein fester Grund auf dem ich sicher stehen kann. Mein Lebenshaus ist fest in Dir, dem Felsen, verankert und nichts kann mich zerstören. Du bist groß, stark und mächtig. Ich bewundere Dich.

Feuer: (Hebr. 12,29)

Herr, Du bist wie ein verzehrendes Feuer das alles verbrennt, was sich gegen Dich stellt. Du reinigst und heiligst mich durch Deine Gegenwart. Ich bin wie Ton in Deinen Händen, der geformt und gebrannt wird. Ich bin wie Wachs in Deinen Händen, das durch Deine feurige Liebe schmilzt und weich wird.

Freude: (Röm. 15,3)

Jesus, Du bist die Freude selbst, Du gibst Freude. Es gibt in Dir keine

Hoffnungslosigkeit, keine
Trostlosigkeit, Du bist ein fröhlicher
Gott, ein Gott mit Humor. Im Himmel
gibt es Lachen und übersprudelnde
Freude in Fülle. Wo Du bist kann der
Tod sich nicht halten.

Freund: (Lk. 12,4)
Jesus Du bist mein allerbester Freund,
niemand ist so vertrauenswürdig, wie
Du. Keiner kennt mein Herz so wie Du
Herr. Du nimmst mich wie ich bin, Du
bist die Antwort auf all meine Fragen.
Auch ich will Dir ein guter Freund
sein, so dass Du Freude an mir hast.

Friedefürst: (Jes. 9,5)
Jesus, Du bist der Prinz des Friedens,
Du gibst mir Frieden und Du lässt ihn
mir. Du bist der Vermittler zwischen
Gott und mir und Du hast mich mit Gott
versöhnt. Du bist der Ruhepol in
meinem Leben. Dein Friede ist

unendlich kostbar für mich, Du bist kostbar.

Führer: (Apg. 5,31)

Herr, Du bist der beste Anführer, den es gibt. Dir kann ich folgen, egal wo der Weg hinführt. Ich verehre Dich und respektiere was Du tust. Ich halte mich ganz eng an Dich, denn ich will Deine Gegenwart nicht verlieren. Dir kann ich blind vertrauen. Du bist mein Auge im Sturm.

Gott: (Offb. 1,16)

Gott Du bist von Urzeit her, Du warst und wirst immer sein. Du bist der Höchste im Himmel und auf Erden. Du bis heilig, viele Male heilig. Dein Gesicht strahlt wie die Sonne in ihrer ganzen Pracht. Du bist vollkommen und unvergleichlich. Du bist der einzige, wahrhaftige, dreieinige Gott, Vater, Sohn und Heiliger Geist.

Haupt: (Eph. 4,15)

Christus, Du bist das Haupt der Gemeinde, deines Leibes, Du bist der Herr über alle Herrscher und Mächte im Himmel und auf Erden. Salböl fließt von Deinem Haupt, ich neige mich vor Dir, dem König aller Könige, der die Krone aus Dornen getragen hat, die eigentlich für mich bestimmt war.

Hirte: (Ps. 23,1)

Du bist der Hirte Deines Volkes, der gute Hirte, der seine Schafe nie alleine lässt. Jeder Mensch ist Dir wichtig und Du hältst Deine Augen offen um verlorene fremde Schafe einzusammeln. Du gibst mir Schutz und Sicherheit. Ich berge mich bei Dir. Ich ehre Dich, Du bist zuverlässig und treu, meine Stütze. Bei Dir schöpfe ich immer wieder neu Hoffnung. Du bist da, wenn ich Hilfe brauche.

Immanuel-Gott ist mit uns: (Jes. 7,14)
Vater im Himmel, Du hast mir in Jesus
einen perfekten Anteil gegeben. Er ist
die Antwort auf all meine Fragen.
Jesus Du bist der Ausweg aus all
meiner Not. Du bist die Breite, Tiefe,
Höhe, alles in Allem. Du bist das
kostbarste in meinem Leben. Du bist
wie ein Schatz, den man findet und nie
wieder hergibt.
Lehrer: (Hi. 36,22)
Du bist die klügste und weiseste
Person in diesem ganzen Universum. Ich
bewundere und ehre Dich dafür und will
Dir für immer folgen. Du leitest mich
in alle Wahrheit, führst mich auf
guten Wegen. Deine Gedanken und Pläne
sind unermesslich groß.
Licht: (Joh. 8,12)
Dein Angesicht strahlt wie die Sonne,
es gibt keine Finsternis, kein Unrecht

in Dir. Du erhellst mein Leben und den
Weg auf dem ich gehen soll. Du bist
meines Fußes Leuchte. Ich liebe deine
Reinheit, deine Vollkommenheit, deine
Heiligkeit. Ich beuge meine Knie vor
Dir, Du großer Gott. Du bist Vater
aller Lichter, die Dunkelheit kann
Dich niemals auslöschen.

Liebe: (1. Joh. 4,16)
Vater im Himmel, Du bist Liebe. Was
auch immer Du tust oder unterlässt es
geschieht aus Liebe. Deine Liebe ist
rein ohne jeden Eigennutz. Du bist
verschwenderisch in Deiner Liebe. Du
bist die positivste Person im ganzen
Universum. Deine liebevolle Gegenwart
umlagert alles. Ich bin von Deiner
Liebe abhängig. Du berührst mein Herz
wie niemand anderes. Bei Dir finde ich
absolute Annahme und Wertschätzung.

König: (Jer. 10,10)

Mein König, ich neige mich vor Dir.
Alles an Dir ist voller Herrlichkeit
und Pracht. Du bist Schönster aller
Schönen. Du bist ehrfurchtgebietend,
aber ich brauche keine Angst vor Dir
zu haben. Du bist gütig und gerecht.
Dein Reich ist nicht von dieser Welt.
Du herrschst in Ewigkeit und ich darf
deine Tochter/dein Sohn sein.
Ratgeber: (Jes. 9,5)
Herr, Du bist der Höchste im Himmel
und auf Erden, alles ist Dir Untertan.
Deine Weisheit ist grenzenlos, so tief
wie das Meer. Die Herrschaft ruht auf
Deinen Schultern. Du bist der ideale
Ratgeber für jede Situation. Herr, Du
bist der Weg, die Wahrheit und das
Leben. Ich liebe die Tiefe, die Fülle
deiner Weisheit.
Richter: (Jak. 4,12)
Mein Gott, Du bist der Richter über

die Lebenden und die Toten, über
Himmel und Hölle. Recht und
Gerechtigkeit sind die Säulen Deines
Thrones. Du bist der Prüfer aller
Herzen. Danke, dass Du unparteiisch
bist und jedes Menschenherz kennst. Du
bist absolut verlässlich in Deiner
Person, Du veränderst Dich nicht.
Deine Entscheidungen sind gerecht und
das Böse kannst Du nicht dulden.
Schöpfer: (Jes. 40,28)
Du bist der Töpfer, ich der Ton, Du
bist der Bildhauer, ich das Bild. Ich
wurde in Deinem Ebenbild erschaffen.
Deine gesamte Schöpfung ist
wunderschön, faszinierend und
vielfältig. Deine Kreativität ist
unergründlich. Du hast eine
Meisterleistung vollbracht. Du bist
herrlich, einmalig und doch kenne ich
nur einen Bruchteil von Dir. Du bist

die einzige Quelle in meinem Leben,
die meinen Durst dauerhaft löscht. Ich
suche Dich, ich brauche Dich wie
Sauerstoff zum atmen. Ich lebe in
Abhängigkeit von Dir. Dein Geist macht
meinen Geist lebendig.
Vater und Mutter: (Jes. 66,13) (Jer.
3,19)
Gott, Du bist mir Vater und Mutter
zugleich, Du trägst männlich und
weiblich Anteile in Deiner
Persönlichkeit. Du kannst für jeden
Alles sein. Du bist ein Vater für die
Waisen, Du bist der Geber aller guten
Gaben, ein Versorger. Du bist wie eine
Mutter, die Trost spendet, in Deiner
Nähe finde ich Geborgenheit. Du bist
Vater der Ewigkeit, Vater aller
Vaterschaft, der erste aller Väter und
der beste aller Väter. Ich verehre und
respektiere Dich als Person. Du bist

gütig, barmherzig, aufmerksam,
beständig, freundlich, mir nahe und
vertrauenswürdig. Du liebst Menschen
von ganzem Herzen, aber Du bist auch
ein eifersüchtiger Gott. Ich will
keinen Götzen hinterherrennen, Dich
nicht verletzen.

Wort: (Joh. 1,1)

Herr Jesus, Du bist das Wort, das
gesprochene und das geschriebene. Du
warst schon immer beim Vater. Durch
Dich wurde alles geschaffen. Du selbst
bist das Leben, Du bist wie eine
Quelle aus der klares, frisches Wasser
fließt. Dein Wort ist lebensspendend,
erfrischend, tröstend, ermutigend,
ermahnend, reinigend. Dein Wort, die
Bibel, ist meines Fußes Leuchte, damit
ich nicht stolpere oder falle. Du
stillst meinen Lebenshunger. Dein Wort
ist wie ein scharfes Schwert, das

Lebendiges von Totem trennt.

Liebeslied:

Ich ehre Dich Herr, Du großer und herrlicher Gott. Du bist allmächtig, Herr aller Herren, stark wie ein Löwe, sanft wie ein Lamm. Deine Weisheit ist grenzenlos. Du bist ein Gott der Ewigkeit, wo Frieden und Liebe alles überdauert. Mein Herz sehnt sich nach Dir, nimm mich an die Hand, lass uns zusammen laufen. Drück mich an Dein Herz und halt mich fest, lass mich nie mehr los. Zeig mir wie sehr Du mich liebst. Wenn Ströme kommen hältst Du mich über Wasser und nichts kann mich von Deiner Liebe trennen. Du großer und herrlicher Gott, lass uns zusammen laufen. Zeig mir Dein Herz, zeig mir auch Deinen Schmerz. Mach mich mit Dir eins in Deiner Königskammer. Mein Herz verschmilzt mit Deinem, mein Geist ist

von Dir erfüllt. Es gibt keine
Trennung mehr, ich liebe Dich Herr.
Wir gehören für immer zusammen, in
alle Ewigkeit. Mein Geliebter und mein
Gott.

Herstellung und Verlag:
BoD - Books on Demand, Norderstedt
ISBN 978-3-7392-4724-3